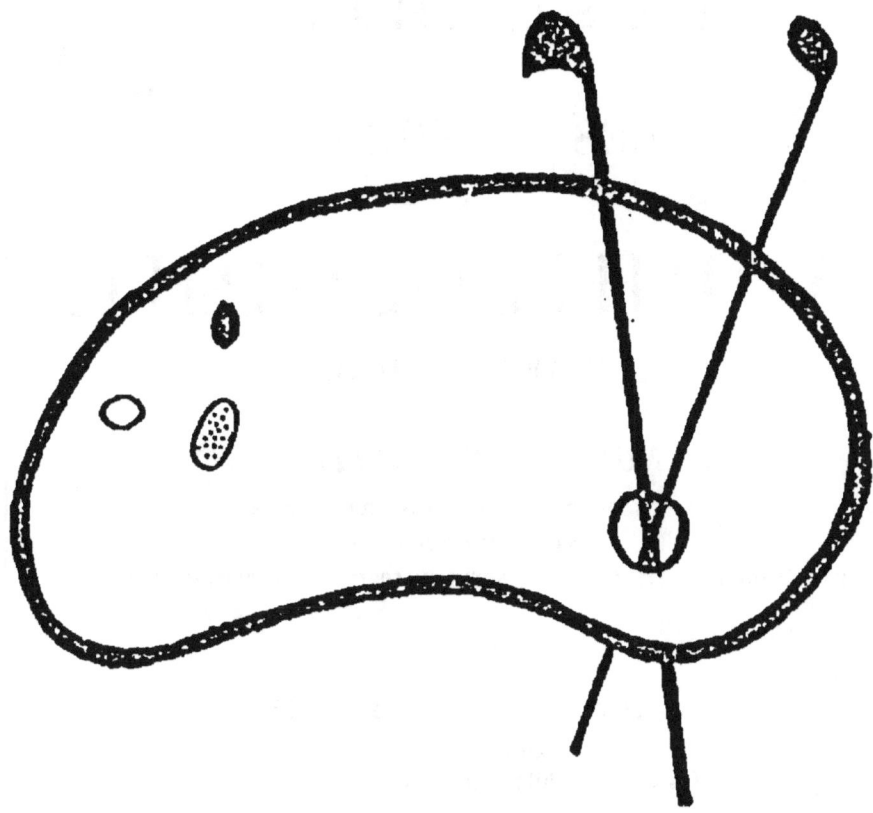

COUVERTURE SUPERIEURE ET INFERIEURE
EN COULEUR

BIBLIOTHÈQUE CLASSIQUE D'OUVRAGES PHILOSOPHIQUES

DESCARTES

LES PRINCIPES

DE

LA PHILOSOPHIE

(LIVRE PREMIER)

NOUVELLE ÉDITION

AVEC UNE NOTICE BIOGRAPHIQUE
UNE INTRODUCTION
UNE ANALYSE CRITIQUE ET DES NOTES HISTORIQUES ET PHILOSOPHIQUES

PAR

Victor BROCHARD

Docteur ès lettres
Professeur de Philosophie au lycée Condorcet

PARIS

ANCIENNE LIBRAIRIE GERMER BAILLIÈRE ET Cie

FÉLIX ALCAN, ÉDITEUR

108, BOULEVARD SAINT-GERMAIN, 108

1886

LIBRAIRIE FÉLIX ALCAN

Descartes, par M. Louis Liard, Recteur de l'Académie de Caen. 1 vol. in-8 de la *Bibliothèque de philosophie contemporaine* . . . . 5 f

BIBLIOTHÈQUE CLASSIQUE D'OUVRAGES PHILOSOPHIQUES

AUTEURS

Devant être expliqués dans les classes de philosophie, conformément aux programmes de l'enseignement secondaire classique prescrits par arrêté d 22 janvier 1883.

AUTEURS FRANÇAIS

Descartes. — *Discours sur la méthode; première méditation*, avec notes introduction et commentaires par M. V. Brochard, professeur de philosophie au lycée Condorcet. — 1 vo in-12, 2ᵉ édition . . . . 2 fr

Descartes. — *Les principes de la philosophie*, livre I, avec notes par M. V. Brochard, professeur au lycée Condorcet. — 1 vol. in-12, broch . . . . 1 fr. 2

Leibniz. — *Monadologie*, avec notes, introduction et commentaires par M. D. Nolen, recteur de l'Académie de Douai. — 1 vol. in-12 . . . . 2 fr

Leibniz. — *Nouveaux essais sur l'entendement humain*, avant propos et livre I, avec notes M. Paul Janet, professeur à la Faculté des lettres de Paris. — 1 vol. in-12 . . . . 1 fr

Malebranche. — *De la recherche de la vérité*, livre II (de l'Imagination), avec notes pa M. Pierre Janet, professeur au lycée du Havre. — 1 vol. in-12 . . . . 1 fr. 8

Pascal. — *De l'autorité en matière de philosophie*. — *De l'esprit géométrique*. — *Entretien avec M. de Sacy*, avec notes par M. Robert, doyen de la Faculté des lettres de Rennes. — 1 vol in-12 . . . . 1 fr

Condillac. — *Traité des sensations*, livre I, avec notes par M. Georges Lyon, professeur au lycée Henri IV. — 1 vol. in-12 . . . . 1 fr. 4

AUTEURS LATINS

Lucrèce. — *De natura rerum*, livre V, avec notes, introduction et commentaires par M. Georges Lyon, professeur au lycée Henri IV. — 1 vol. in-12.

Cicéron. — *De natura deorum*, livre II, avec notes, introduction et commentaires par M. Picavet, agrégé de l'Université. — 1 vol in-12

Cicéron. — *De officiis*, livre I, avec notes, introduction et commentaires, par M. Boirac, professeur au lycée Condorcet. — 1 vol. in-12 . . . . 1 fr. 40

Sénèque. — *Lettres à Lucilius* (les 16 premières), avec notes par M. Dauriac, professeur à la Faculté des lettres de Montpellier. — 1 vol. in-12.

AUTEURS GRECS

Xénophon. — *Mémorables*, livre I, avec notes, introduction et commentaires par M. Penjon, professeur à la Faculté des lettres de Douai. — 1 vol. in-12 . . . . 1 fr. 25

Platon. — *La République*, livre VI, avec notes, introduction et commentaires par M. Espinas, professeur à la Faculté des lettres de Bordeaux. — 1 vol. in-12.

Aristote. — *Morale à Nicomaque*, livre X, avec notes, introduction et commentaires par M. L. Carrau, directeur des conférences de philosophie à la Faculté des lettres de Paris. — 1 vol. in-12 . . . . 1 fr. 25

Épictète. — *Manuel*, avec notes, introduction et commentaires par M. Montargis, agrégé de l'Université. — 1 vol. in-12 . . . . 1 fr

MANUEL DU BACCALAURÉAT ÈS LETTRES (2ᵉ PARTIE)
ET DU BACCALAURÉAT ÈS SCIENCES RESTREINT

Histoire naturelle élémentaire (*Zoologie, Botanique, Géologie*), par le Dʳ Le Noir. — 1 vol. in-12, avec 231 figures dans le texte, 2ᵉ édition, broché . . . . 5 fr.

Physique élémentaire, par *le même*. — 1 vol. in-12, avec 353 figures dans le texte. 6 fr.

Chimie élémentaire, par *le même*. — 1 vol. in-12, avec figures dans le texte . . . 3 fr. 50

Mathématiques élémentaires (*Arithmétique, Géométrie, Algèbre, Cosmographie*), par *le même*. — 1 vol. in-12, avec nombreuses figures dans le texte . . . . 5 fr

13025. — Imprimerie A. Lahure, rue de Fleurus, 9, à Paris

LES PRINCIPES

DE

LA PHILOSOPHIE

(LIVRE PREMIER)

LIBRAIRIE FÉLIX ALCAN

AUTRES OUVRAGES DE M. V. BROCHARD

De l'erreur. — 1 vol. in-8° (1879)............................... 3 fr. 50
Histoire du scepticisme chez les Grecs, ouvrage couronné par l'Académie des sciences morales et politiques. — 1 vol. in-8° (*sous presse*).

BIBLIOTHÈQUE CLASSIQUE D'OUVRAGES PHILOSOPHIQUES

AUTEURS

Devant être expliqués dans les classes de philosophie, conformément aux programmes de l'enseignement secondaire classique prescrits par arrêté du 22 janvier 1885.

AUTEURS FRANÇAIS

Descartes. — *Discours sur la méthode : première méditation,* avec notes, introduction et commentaires par M. V. BROCHARD, professeur de philosophie au lycée Condorcet. — 1 vol. in-12, 2° édition.................................... 2 fr.
Descartes. — *Les principes de la philosophie,* livre I, avec notes par M. V. BROCHARD, professeur au lycée Condorcet. — 1 vol. in-12, broché................ 1 fr. 25
Leibniz. — *Monadologie,* avec notes, introduction et commentaires par M. D. NOLEN, recteur de l'Académie de Douai. — 1 vol. in-12....................... 2 fr.
Leibniz. — *Nouveaux essais sur l'entendement humain,* avant-propos et livre I, avec notes par M. PAUL JANET, professeur à la Faculté des lettres de Paris. — 1 vol. in-12........ 1 fr.
Malebranche. — *De la recherche de la vérité,* livre II (*De l'Imagination*), avec notes par M. PIERRE JANET, professeur au lycée du Havre. — 1 vol. in-12............. 1 fr. 80
Pascal. — *De l'autorité en matière de philosophie.* — *De l'esprit géométrique.* — *Entretien avec M. de Sacy,* avec notes par M. BOIRAC, doyen de la Faculté des lettres de Rennes. — 1 vol. in-12.. 1 fr.
Condillac. — *Traité des sensations,* livre I, avec notes par M. GEORGES LYON, professeur au lycée Henri IV. — 1 vol. in-12................................. 1 fr. 40

AUTEURS LATINS

Lucrèce. — *De natura rerum,* livre V, avec notes, introduction et commentaires par M. GEORGES LYON, professeur au lycée Henri IV. — 1 vol. in-12.
Cicéron. — *De natura deorum,* livre II, avec notes, introduction et commentaires par M. PICAVET, agrégé de l'Université. — 1 vol in-12.
Cicéron. — *De officiis,* livre I, avec notes, introduction et commentaires, par M. BOIRAC, professeur au lycée Condorcet. — 1 vol. in-12..................... 1 fr. 40
Sénèque. — *Lettres à Lucilius* (les 16 premières), avec notes par M. DAURIAC, professeur à la Faculté des lettres de Montpellier. — 1 vol. in-12.

AUTEURS GRECS

Xénophon. — *Mémorables,* livre I, avec notes, introduction et commentaires par M. PENJON, professeur à la Faculté des lettres de Douai. — 1 vol. in-12............ 1 fr. 25
Platon. — *La République,* livre VI, avec notes, introduction et commentaires par M. ESPINAS, professeur à la Faculté des lettres de Bordeaux. — 1 vol. in-12.
Aristote. — *Morale à Nicomaque,* livre X, avec notes, introduction et commentaires par M. L. CARRAU, directeur des conférences de philosophie à la Faculté des lettres de Paris. — 1 vol. in-12.. 1 fr. 25
Épictète. — *Manuel,* avec notes, introduction et commentaires par M. MONTARGIS, agrégé de l'Université. — 1 vol. in-12.................................. 1 fr.

MANUEL DU BACCALAURÉAT ÈS LETTRES (2° PARTIE)
ET DU BACCALAURÉAT ÈS SCIENCES RESTREINT

Histoire naturelle élémentaire (*Zoologie, Botanique, Géologie*), par le Dᵣ LE NOIR. — 1 vol. in-12, avec 251 figures dans le texte, 2° édition, broché................. 5 fr.
Physique élémentaire, par *le même.* — 1 vol. in-12, avec 455 figures dans le texte. 6 fr.
Chimie élémentaire, par *le même.* — 1 vol. in-12, avec figures dans le texte... 3 fr. 50
Mathématiques élémentaires (*Arithmétique, Géométrie, Algèbre, Cosmographie*), par *le même.* — 1 vol. in-12, avec nombreuses figures dans le texte............... 5 fr.

13025. — Imprimerie A. Lahure, rue de Fleurus, 9, à Paris

BIBLIOTHÈQUE CLASSIQUE D'OUVRAGES PHILOSOPHIQUES

DESCARTES

LES PRINCIPES

DE

LA PHILOSOPHIE ·

(LIVRE PREMIER)

NOUVELLE ÉDITION

AVEC UNE NOTICE BIOGRAPHIQUE
UNE INTRODUCTION
UNE ANALYSE CRITIQUE ET DES NOTES HISTORIQUES ET PHILOSOPHIQUES

PAR

Victor BROCHARD

Docteur ès lettres
Professeur de Philosophie au lycée Condorcet

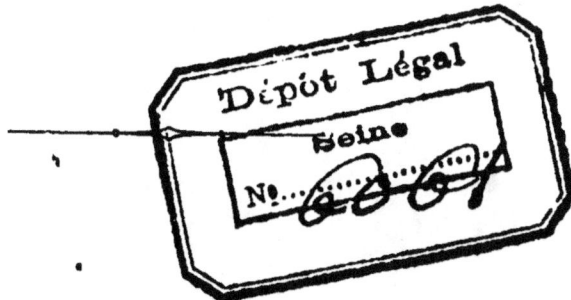

PARIS

ANCIENNE LIBRAIRIE GERMER BAILLIÈRE ET Cie
FÉLIX ALCAN, ÉDITEUR
108, BOULEVARD SAINT-GERMAIN, 108

1886

NOTICE BIOGRAPHIQUE[1]

René Descartes naquit à la Haye, petit village de Touraine, le 31 mars 1596. Il fit ses études au collège de la Flèche, dirigé par les jésuites : il les termina à l'âge de seize ans, en 1612. Dans le *Discours de la méthode*, il raconte lui-même l'histoire de son esprit. Avide de science et peu satisfait de ce qu'il avait trouvé dans les livres, il voulut se mêler au monde « plutôt comme spectateur que comme acteur dans les diverses comédies qui s'y jouent. » C'est pourquoi après avoir passé quelques années à Paris, il prit en 1617 du service en Hollande, sous le prince Guillaume de Nassau. Il fut ensuite au service du duc de Bavière, parcourut presque toute l'Allemagne, la Suède, le Danemark, la Hollande. Le résultat de ses voyages fut d'attirer son attention sur la diversité des coutumes, des croyances, des modes admises par les différents peuples. Il remarqua que beaucoup d'idées obstinément conservées par certaines nations, sont repoussées par d'autres, tout aussi raisonnables ; et, par suite, qu'elles ne sont point fondées en raison. Il parvint ainsi à s'affranchir d'un grand nombre de préjugés, et s'habitua peu à peu à prendre pour juge de la vérité non pas l'opinion du plus grand nombre des hommes, mais l'évidence, telle que la raison ramenée à elle-même la découvre. C'est dans un de ses voyages qu'il commença à réfléchir et qu'il jeta les fondements de sa philosophie. A l'époque où il entreprit ses travaux, il eut une vision et entendit une voix du ciel qui l'appelait à réformer la philosophie ; il fit le vœu, qu'il accomplit plus tard, de faire un pèlerinage à Notre-Dame de Lorette.

Au retour de ses voyages, après deux années passées à Paris, il assista en 1628 au siège de la Rochelle et s'engagea comme

---

[1]. Sur la vie, les œuvres de Descartes et sur l'influence qu'exerça sa philosophie, consulter l'*Histoire de la Philosophie cartésienne* de M. Francisque Bouillier. Voir aussi l'étude de M. Millet, *Descartes, sa vie, ses travaux, ses découvertes avant 1637*. (Paris, Thorin, 1867.)

volontaire dans l'armée royale jusqu'à la prise de la ville. Enfin, en 1629, voulant se consacrer tout entier à l'étude, désirant, par conséquent, échapper aux distractions, aux visites, aux conversations et aux interrogations de ses amis, fatigué aussi par le climat de Paris qui, disait-il, ne lui faisait engendrer que des chimères, averti peut-être par l'exemple de Galilée du danger qu'il y avait à philosopher trop librement sur certaines questions dans certains pays, il quitta la France et alla s'établir en Hollande; il y séjourna vingt ans, changeant de résidence, s'entourant de mystère, afin d'échapper plus sûrement à la curiosité de ses amis et des nombreux adeptes que ses idées, une fois connues, lui attirèrent « En cette grande ville où je suis, écrivait-il d'Amsterdam, n'y ayant aucun homme (excepté moi) qui n'exerce la marchandise, chacun y est tellement attentif à son profit, que j'y pourrais demeurer toute ma vie sans être jamais vu de personne. Je vais me promener tous les jours parmi la confusion d'un grand peuple, et je n'y considère pas autrement les hommes que j'y vois que je ferais les arbres qui se rencontrent en vos forêts ou les animaux qui y paissent. Le bruit même de leurs tracas n'interrompt pas plus mes rêveries que ferait celui de quelque ruisseau [1]. » C'est alors aussi qu'il prit pour devise : *Bene vixit, bene qui latuit.*

Pendant ces vingt années passées en Hollande, Descartes composa ses principaux ouvrages et partagea son temps entre les mathématiques, la philosophie, la physique, la chimie et l'anatomie. Parmi toutes ces études, il est difficile de désigner celle à laquelle il attacha le plus d'importance. S'il a laissé un nom immortel comme philosophe, il compte aussi parmi les grands inventeurs en mathématiques : c'est lui qui appliqua l'algèbre à la géométrie et qui créa la géométrie analytique. Mais les mathématiques elles-mêmes n'étaient pour lui qu'un moyen d'arriver à la physique, et nous voyons par divers passages de ses œuvres, notamment par la sixième partie du *Discours de la méthode*, qu'il se préoccupait surtout des applications pratiques qu'on peut tirer des théories scientifiques, pour le plus grand bien de l'humanité. La connaissance approfondie et le progrès de la médecine étaient peut-être le but suprême qu'il entrevoyait et poursuivait. Il est certain qu'il consacra beaucoup de temps à l'étude des corps vivants. A Amsterdam, il allait chez les bouchers de la ville pour voir tuer les animaux et se faisait apporter les membres qu'il voulait disséquer. Un de ses amis lui ayant rendu visite et lui demandant à voir sa bibliothèque, Descartes le conduisit sur le derrière de sa maison; puis tirant un rideau, il lui montra un veau

1. Lettre à M. de Balzac, 15 mai 1621.

à la dissection duquel il travaillait et dit : « Voilà ma bibliothèque ; voilà le livre que j'estime le plus, que je lis le plus ordinairement. »

Descartes, ayant publié en 1637 le *Discours de la méthode*, avec la *Dioptrique* et les *Météores*, puis la *Géométrie*, plus tard, en 1641, les *Méditations*, devint rapidement célèbre, et beaucoup de bruit se fit autour de son nom. Telle était sa réputation, même en France, qu'un mathématicien célèbre, M. de Beaugrand, pendant qu'on imprimait à Leyde le *Discours de la méthode*, avait aposté un homme qui lui faisait parvenir les feuilles à mesure qu'on les tirait.

Bientôt un des disciples de Descartes, Leroy, professeur à l'université d'Utrecht, ayant obtenu la permission d'exposer la philosophie nouvelle, les partisans de la philosophie péripatéticienne se soulevèrent contre Descartes, et les persécutions qu'il avait voulu éviter en France l'atteignirent dans la libérale et protestante Hollande. Il fut dénoncé par un adversaire implacable, Voétius, recteur de l'université d'Utrecht, et fut appelé devant les magistrats pour répondre du crime d'athéisme et de calomnie, et voir brûler ses livres par la main du bourreau ; l'intervention de l'ambassadeur de France arrêta toute cette procédure. Il faut ajouter que Descartes, ayant publié plusieurs écrits pour se justifier, finit par obtenir gain de cause.

Fatigué sans doute de toutes ces discussions, Descartes, sollicité depuis longtemps par la reine Christine de se rendre en Suède, se décida à quitter la Hollande ; il arriva à Stockholm en 1649 et y fut reçu avec les plus grands honneurs. Tous les jours il se rendait, à cinq heures du matin, dans la bibliothèque de la cour, et la reine l'écoutait disserter sur les questions de philosophie. Mais le philosophe, dont la santé avait toujours été délicate, ne put résister au climat de la Suède ; il succomba, en 1650, à l'âge de cinquante-trois ans.

En 1667, les restes mortels de Descartes furent rapportés de Suède en France et ensevelis dans l'église Saint-Étienne du Mont. Le jour de la cérémonie, le Père Lallemand, chancelier de l'Université, était sur le point de monter en chaire pour prononcer son oraison funèbre, lorsque arriva un ordre de la cour qui interdisait qu'aucune parole d'éloge fût prononcée : on doutait de l'orthodoxie de Descartes et ses doctrines commençaient à être vivement attaquées.

Voici la liste des principaux ouvrages de Descartes : *Discours de la Méthode pour bien conduire sa raison et chercher la vérité dans les sciences*, publié avec la *Dioptrique* et les *Météores*, en 1637 (Leyde). Ces ouvrages furent traduits en latin par E. de Courcelles, et la traduction fut revue par Descartes, qui fit quelques additions au texte primitif (1644, Amsterdam). — *Meditationes de prima philo-*

sophia, in quibus Dei existentia et animæ immortalitas demonstratur (Paris, 1641). Le duc de Luynes fit de cet ouvrage une traduction française qui fut revue par Descartes (1647). — *Principes de philosophie* (1644, Amsterdam, en latin ; 1647, Paris, en français). — *Traité des passions humaines* (1650, Amsterdam). — Après la mort de Descartes furent publiés *le Monde, ou Traité de la lumière* (1677, Paris); — *les Lettres de René Descartes, où sont traitées les plus belles questions touchant la morale, la physique, la médecine et les mathématiques, données au public par le sieur Clerselier* (Paris, 1667). — Enfin, dans une édition des œuvres posthumes de physique et de mathématiques, publiée à Amsterdam en 1701, parut le traité inachevé : *Regulæ ad directionem ingenii.*

Les principales éditions des œuvres de Descartes sont celles d'Amsterdam, 3 vol., 1713 ; de Francfort-sur-le-Mein, 3 vol., 1697 ; celle de M. Cousin, 11 vol. (Paris, 1820-26). Signalons encore l'édition des œuvres philosophiques, par M. Ad. Garnier, 4 vol. (Paris, 1835).

ANALYSE DU PREMIER LIVRE

DES PRINCIPES DE LA PHILOSOPHIE

———

Les *Principes de la Philosophie* sont l'exposé le plus complet, le plus scientifique que nous ayons de la philosophie de Descartes. Cet ouvrage n'est pas, comme le *Discours de la Méthode*, dont il reproduit les principales idées, un simple abrégé, mis à la portée de tout le monde, et destiné à rallier à la philosophie nouvelle tous les esprits éclairés, et même ceux qui ne sont pas des savants de profession : ce n'est pas, comme nous dirions aujourd'hui, un livre de vulgarisation. C'est un livre de science et de haute philosophie, où l'auteur n'hésite pas à aborder les questions les plus ardues et les plus complexes. Et cependant, telle est la confiance de Descartes en l'évidence de ses principes, qu'il ne craint pas de déclarer dans la lettre qui sert de préface à son livre, que tout esprit attentif peut les entendre; il ne désespère pas de voir sa philosophie lue et comprise sinon par la foule, du moins par tous les gens instruits. Il suffit, pour cela, selon lui, d'un peu de bonne volonté; c'est d'ailleurs un de ses dogmes favoris que toutes les intelligences sont égales et que toute vérité est accessible à tous. Descartes se trompe certainement : les *Principes* sont un livre fort abstrait et dont la lecture exige un grand effort d'esprit. Mais comment s'étonner si des idées avec lesquelles un philosophe a vécu pendant de longues années, finissent par lui paraître plus simples et plus claires qu'elles ne sont en réalité? Pardonnons-lui donc son illusion, puisque aussi bien elle est née de la trop bonne opinion qu'il a de nous.

A l'encontre de ce qu'on croit communément aujourd'hui, mais d'accord avec les plus grands philosophes de l'antiquité, Descartes ne considère pas la philosophie comme une science particulière, ayant un objet limité et un domaine restreint : elle est pour lui la science universelle. Son ambition est d'expliquer l'Univers entier, d'embrasser, en les déduisant de leurs principes, et en les démontrant rigoureusement, toutes les vérités que l'esprit humain est capable d'atteindre. Les principes de la pensée et de l'être, le monde physique, le soleil, les astres et la terre, l'origine première des choses, les éléments, les corps, les plantes, les animaux, l'homme, la médecine et la morale, voilà, suivant Descartes, l'objet de cette science suprême qu'il appelle la philosophie. Personne ne s'en est fait une plus haute idée; personne, on peut le voir par la *Préface des Principes*, n'a parlé avec plus d'éloquence des mérites et de l'utilité de cette noble science.

A vrai dire, les *Principes* n'ont pas été écrits pour répondre à toutes ces questions; ils ne sont qu'un commencement. Des quatre livres dont ils se composent, le premier traite des principes de la connaissance humaine; le second, des principes des choses matérielles; le troisième, du monde visible, c'est-à-dire du soleil, des planètes, et des éléments ultimes de la matière : là se trouve la fameuse théorie des tourbillons dont on s'est tant moqué, et qui reprend faveur aujourd'hui. Le quatrième livre enfin, est consacré à la terre, à la lumière, à la chaleur, à la pesanteur, aux montagnes, à la mer et aux mines, aux tremblements de terre, au feu, à la poudre et à ses effets, à l'aimant, au fer et en général à tous les corps.

Il resterait après cela à expliquer la nature des plantes, des animaux, du corps humain, et enfin de l'âme humaine, qui est le but suprême de la science; car à quoi bon tant de recherches, si elles ne doivent pas servir à améliorer la condition matérielle et morale de l'humanité? Descartes ne s'est jamais désintéressé à l'égard de ces questions; ce n'est pas un rêveur perdu dans les nuages de la métaphysique; il veut avant tout travailler au bien de ses semblables; il ne désespère pas de diminuer le nombre des maladies, de soustraire l'homme aux incommodités de la vieillesse, de lui soumettre la nature; il pressent, il annonce tous les bienfaits que la science va bientôt apporter au genre humain. Si pour atteindre le but pratique qu'il se propose, il a pris un chemin si long et qui paraît si détourné, c'est qu'en dépit de l'apparence, ce chemin est à ses yeux le plus court et le plus sûr.

Mais cette science universelle, si complète et si vaste, Descartes avoue qu'il ne la possède pas encore; il s'est borné à en poser les principes nécessaires. Ayant pleine confiance dans son génie, il ne doute pas un instant qu'elle ne soit toute contenue dans les vérités qu'il a trouvées; il n'a pas encore eu le temps de l'en faire sortir. Dans le livre des *Principes*, il n'est pas encore en mesure d'expliquer les plantes, les animaux, le corps humain. Pourtant il ne renonce pas tout à fait à entrer dans la terre promise : « Je ne me sens pas encore si vieil, dit-il avec une noble fierté, je ne me défie point tant de mes forces, je ne me trouve pas si éloigné de la connaissance de ce qui reste, que je n'osasse entreprendre d'achever ce dessein, si j'avais la commodité de faire toutes les expériences dont j'aurais besoin pour appuyer et justifier mes raisonnements. » Mais il faudrait pour cela de grandes dépenses, auxquelles un simple particulier comme lui ne saurait suffire sans l'aide du public ; et en ce temps-là, un grand savant ne pouvait compter sur un tel secours. Il lui faut donc quitter ces vastes pensées. D'autres viendront après lui qui déduiront les conséquences de ses principes ; pour lui, il se bornera désormais à travailler pour son instruction personnelle, ayant assez fait pour la postérité.

Il faut nous borner encore davantage et nous contenter d'étudier le premier livre de cet admirable ouvrage. Il traite, nous l'avons dit, des principes de la connaissance humaine,

I

C'était la première fois qu'un philosophe, avant de résoudre les grands problèmes de l'origine des choses et de la constitution de l'univers, commençait par se demander ce qu'est la vérité, à quel signe on peut la reconnaître, d'où vient l'erreur, et comment on peut l'éviter. Cette prudente méthode qui consiste à se rendre compte, avant de l'employer, de l'instrument qu'on a entre les mains, à en mesurer la puissance, à en connaître le fort et le faible, pourrait encore aujourd'hui être recommandée à plus d'un philosophe et à plus d'un savant qui l'oublient. Ce n'est pas un des moindres mérites de Descartes d'avoir fait précéder un ouvrage, qui est en somme un livre de physique, d'une théorie de la connaissance. Par là, il devance et prépare ces analyses de l'intelligence humaine, ces critiques de l'entendement qui devaient être la tâche principale des philosophes du dix-septième et du dix-huitième siècle, et ouvrir à la philosophie des voies nouvelles. En philosophie, aussi bien qu'en mathématiques et en physique, Descartes est un initiateur ; personne n'a mieux compris que lui les rapports de la philosophie et de la science.

. La théorie de la certitude, chez Descartes, présente un caractère particulier, qu'on lui a quelquefois reproché ; elle repose tout entière sur l'existence de Dieu. L'esprit humain, réduit à ses seules forces, ne saurait atteindre sûrement la réalité extérieure ; il ne sortirait pas de lui-même. S'il peut parvenir jusqu'aux choses, passer, comme on dit, de l'idée à l'être, s'assurer qu'il n'est pas dupe d'une illusion ou d'un rêve, c'est qu'il y a au-dessus de lui et des choses un être supérieur, un Dieu, dont il dépend comme l'univers lui-même, et dont la perfection lui donne confiance en ses propres actes et le rassure contre lui-même. Comme il serait indigne d'un Dieu parfait d'avoir créé un entendement trompeur et mensonger, de s'être joué de sa créature, l'homme peut se fier à sa raison, et il ne le peut que s'il est l'œuvre d'une intelligence parfaite. Qu'il s'agisse d'affirmer la réalité du monde hors de nous, ou même la permanence à travers le temps des vérités abstraites comme celles des mathématiques, c'est dans la véracité divine que se trouve en fin de compte toute garantie; là est le fondement de toute certitude. La véracité divine est comme la clef de voûte de tout le système; qu'elle disparaisse, et toute vérité s'évanouit avec elle.

Il en résulte que Descartes, pour établir sa théorie de la connaissance, est obligé de démontrer d'abord l'existence de Dieu. Mais cette existence elle-même, nous ne la connaissons que par l'idée de la perfection présente à notre esprit; il faut donc, avant d'y atteindre, que nous nous connaissions nous-mêmes. Au surplus, notre existence et notre pensée, le *cogito, ergo sum* est la première et la plus immédiate vérité que nous connaissions; c'est la première assise du système. C'est donc par là qu'il faut commencer; or, elle ne se découvre elle-même et ne révèle son inébranlable certitude que si nous essayons de la mettre en doute. C'est en s'efforçant d'arracher de son esprit toutes ses idées que Descartes s'est aperçu qu'il en est une, une seule, qui résiste à tous les efforts; bien mieux, qui paraît d'autant plus sûre qu'on en veut douter davantage, et se fortifie de tout ce qu'on tente pour l'affaiblir. Cet effort pour remettre en question tout ce qu'on a cru s'appelle le doute méthodique; tel sera donc le point de départ du livre des *Principes*.

En d'autres termes, avant d'arriver à la théorie de la connaissance, Descartes doit résumer les propositions fondamentales de sa philosophie: sa théorie de l'âme et de Dieu. Tout se tient dans un système bien construit; on n'en peut exposer une partie importante sans la rattacher aux principes. On ne saisit pas un anneau sans amener la chaîne tout entière.

C'est pourquoi, dans le premier livre des *Principes*, on peut distinguer deux parties: la première résume les propositions fondamentales de la philosophie de Descartes, la seconde est la théorie de la connaissance proprement dite.

Par suite, la première partie présente de grandes analogies avec le *Discours de la Méthode*, qui est lui aussi un résumé du système de Descartes; ce sont les mêmes idées, présentées presque dans les mêmes termes. A côté des ressemblances, il y a pourtant des différences. Dans le *Discours de la Méthode*, Descartes a surtout pour but de faire connaître les vérités principales qu'il a trouvées; il les expose pour elles-mêmes. Dans les *Principes*, il ne les indique qu'autant qu'elles sont nécessaires pour comprendre sa théorie de la certitude; elles n'y figurent point en quelque sorte pour leur propre compte; elles ne sont qu'un acheminement, une préparation nécessaire à d'autres idées. L'auteur les traverse pour ainsi dire sans s'y arrêter; du moins ne s'arrête-t-il que sur les points essentiels pour le but qu'il se propose; par exemple, l'existence de Dieu.

D'autre part, les *Principes* ne sont pas un livre destiné tout à fait au même public que le *Discours de la Méthode*. Dans ce dernier ouvrage, écrit en français pour tout le monde, Descartes est tenu d'observer certains ménagements; il présente ses idées sous la forme la plus accessible et n'insiste pas sur les difficultés; par exemple, il parle peu de la preuve ontologique de l'existence de Dieu, qu'il signale seulement en dernier lieu, et en quelque sorte pour mémoire. Dans les *Principes*, écrits d'abord en latin, et pour les savants, il a les coudées plus franches; il n'a pas à craindre de s'arrêter sur les points les plus délicats. Ainsi nous le voyons commencer sa démonstration de l'existence de Dieu par cette même preuve ontologique; il la place en première ligne et la présente comme la principale, soit que le développement de sa pensée l'ait amené à la considérer comme la plus concluante, soit plutôt qu'au temps où il a publié le *Discours de la Méthode*, il ait craint d'effaroucher le lecteur par cette dialectique si abstraite et si difficile, et qu'il ait cru prudent de la reléguer au second plan.

Ajoutons qu'entre le moment où il a publié le *Discours de la Méthode* et celui où il donne les *Principes*, Descartes a fait paraître les *Méditations*, connu les objections qu'elles soulevaient, et répondu à la plupart d'entre elles; en maints passages des *Principes*, on retrouve un souvenir de ces objections et des réponses qu'il y a faites. La pensée s'y montre encore plus nette et plus arrêtée, allant au-devant des doutes, prévenant les scrupules, mieux gardée contre l'adversaire.

Dans la deuxième partie, Descartes arrive à un sujet tout nouveau. Il en avait bien touché quelques points dans les *Méditations*, mais par occasion et sans le traiter *ex professo*. Il s'agit de savoir quels sont les principes de la connaissance, c'est-à-dire les vérités primordiales d'où dérivent toutes les autres et qui servent à tout expliquer. Mais au lieu d'aborder directement cette question, Descartes en soulève une autre : Qu'est-ce que l'erreur, et d'où vient-elle? Il semble que ce soit un détour; mais le problème de l'erreur est étroitement lié à celui de la certitude, et Descartes sent bien qu'on ne peut résoudre l'un sans l'autre. L'existence de l'erreur en logique, comme l'existence du mal en morale, est une formidable difficulté; c'est la pierre d'achoppement de beaucoup de systèmes dogmatiques. Quelle confiance notre esprit mérite-t-il, quelle foi pouvons-nous avoir en notre raison, s'il leur arrive de nous représenter les choses autrement qu'elles ne sont? Que beaucoup de vérités nous échappent, que nos connaissances soient incomplètes, que nous soyons ignorants, il n'y a rien là qui nous surprenne; l'homme n'est pas parfait. Mais que non contents de ne pas tout connaître, nous connaissions mal ce que nous connaissons, que nous voyions quelque chose là où il n'y a rien, et là où il y a quelque chose, autre chose que ce qui est; que notre esprit enfin, le seul instrument que nous ayons pour atteindre la vérité, ne l'atteigne pas et nous trompe; voilà qui est bien fait pour nous inquiéter. Qui nous assure qu'au moment même où nous nous croyons en possession de la vérité la plus authentique, nous ne sommes pas dupes d'une illusion, puisque en d'autres cas, ayant même confiance et même sécurité, nous avons été trompés? Comment se fier à un témoin qui a été maintes fois pris en flagrant délit de mensonge? A qui nous a une fois trompés pouvons-nous jamais rendre entièrement notre confiance? Un soupçon, une inquiétude, un doute ne planeront-ils pas toujours, quoi que nous fassions, sur nos croyances les plus familières; et pour avoir cru ceux qui ne nous disaient pas la vérité, ne risquons-nous pas de ne plus croire ceux qui nous la disent?

C'est l'existence de l'erreur qui a fourni aux sceptiques de tous les temps, leurs arguments les plus redoutables; là est la brèche par où ils pénètrent dans les systèmes de philosophie dogmatique. Platon le savait bien, et c'est pourquoi dans le *Théétète* et dans le *Sophiste*, il a épuisé son génie à poursuivre la solution de ce difficile problème. Descartes, dont la théorie de la connaissance présente avec celle de Platon plus d'analogies qu'il n'en avoue, voit bien aussi qu'il faut avoir raison de cet obstacle. Il faut justifier l'esprit, le réhabiliter à ses propres yeux. Il faut, avant de montrer quelles sont les vérités qu'il connaît, montrer qu'il peut connaître la vérité, qu'il mérite confiance malgré ses égarements, et que ses inévitables erreurs n'empêchent pas qu'il soit un témoin loyal et digne de foi. Toute théorie de la certitude, on l'a peut-être trop souvent oublié, est incomplète et précaire, si elle n'est accompagnée d'une théorie de l'erreur.

Descartes résout le problème d'une manière originale. Il soutient que pris en lui-même, l'esprit ne saurait s'égarer: les facultés que nous a données le Créateur, ne sont point trompeuses. Tout le mal vient de nous. C'est parce que nous faisons un mauvais usage d'un excellent instrument, que si souvent nous nous écartions de la vérité. L'esprit ne nous trompe pas : c'est nous qui nous trompons en interprétant mal ses données. Il ne tient qu'à nous de nous corriger : le remède est entre nos mains, puisque nous sommes seuls les auteurs du mal. Nous serons infaillibles quand nous voudrons : il suffira de ne jamais affirmer que ce que nous savons, c'est-à-dire ce que nous comprenons clairement et distinctement. On voit maintenant pourquoi nous nous trompons si souvent : on voit aussi que l'erreur n'a rien de nécessaire, qu'elle peut être évitée, qu'elle ne tient pas à un vice radical et irrémédiable de notre faculté de penser. Il peut être malgré tout difficile, ou même impossible d'échapper à l'erreur dans la vie pratique : il suffit, pour la science, que nous puissions l'éviter en certains cas ; il suffit, si nous ne sommes pas toujours infaillibles, que nous puissions l'être.

Rien de plus simple que cette solution, et il semble que le sens commun l'aurait trouvée de lui-même. Mais pour y arriver, il faut admettre qu'il dépend de nous d'accorder ou de refuser notre assentiment aux idées que nous propose l'entendement, que le jugement est un acte, non de notre intelligence, mais de notre volonté, et que notre volonté est libre. C'est ce que Descartes, d'accord en cela avec les stoïciens, proclame hautement : mais c'est à quoi tout le monde ne veut pas consentir ; et le sens commun, qui tout à l'heure semblait accepter si facilement sa théorie, s'étonne beaucoup d'entendre dire qu'il est toujours en notre pouvoir de croire ou de ne pas croire une proposition donnée. Il reste donc une difficulté. Nous n'avons pas à en chercher ici la solution : il suffit d'avoir montré que la théorie de Descartes, si elle résout le problème, implique d'assez graves conséquences, et qu'en l'adoptant, le philosophe a fait preuve à la fois de beaucoup d'originalité, et d'une grande hardiesse.

Cet obstacle franchi, il reste à déterminer enfin en quoi consiste la vérité. Elle réside dans la clarté et la distinction de nos idées : la bonté de Dieu ne nous permet pas un instant de supposer que quand notre esprit, sérieusement interrogé, nous présente des idées claires et distinctes, accompagnées d'une forte inclination à les croire vraies, elles soient fausses.

Quelles sont maintenant les choses que nous concevons clairement et distinctement, et d'où toutes les autres vérités dérivent comme les conséquences d'un principe ? C'est une question difficile entre toutes, et sur laquelle bien des débats se sont élevés parmi les philosophes. On verra plus loin la liste que Descartes a dressée des vérités ou notions primordiales.

Pour finir et se mettre tout à fait en mesure d'atteindre la vérité scientifique, il ne reste plus qu'à indiquer comment, à chaque

instant, nous nous laissons détourner du droit chemin ; comment
la règle si simple donnée par Descartes est d'une application si
difficile ; comment l'erreur est là qui nous guette et nous tente à
chaque moment. Les derniers chapitres du premier livre des *Principes* sont consacrés à la détermination des principales causes de
nos erreurs. Indiquer la cause du mal, c'est en montrer le
remède.

II

Si maintenant nous voulons entrer un peu plus dans le détail,
et examiner de plus près la théorie de Descartes, nous pouvons,
dans chacune des deux parties qui viennent d'être distinguées,
introduire des subdivisions. Trois points sont examinés dans la
première partie : le doute méthodique, le *cogito, ergo sum*, l'existence de Dieu. Trois questions principales sont résolues dans la
seconde : Qu'est-ce que l'erreur? Quelles sont les notions primordiales? Quelles sont les causes de l'erreur? — Résumons la
pensée de Descartes sur ces six questions.

1. DOUTE MÉTHODIQUE (1-7). — Nous avons depuis l'enfance
accueilli sans discernement une multitude d'idées de toute prove-
nance : beaucoup sont fausses. Il faut entreprendre de nous en
défaire. Pour plus de sûreté, rejetons toutes celles où nous pourrons
imaginer le moindre doute. Rejetons les idées qui viennent des
sens, car souvent les sens nous ont trompés : nous avons d'ailleurs en rêve les mêmes idées qu'étant éveillés, et elles ne sont
pas alors moins vives et moins expresses. Rejetons les vérités
mathématiques, car il y a des hommes qui se sont mépris en raisonnant sur de tels sujets. D'ailleurs, sommes-nous sûrs que Dieu
ne nous a pas faits de telle sorte que nous soyons toujours trompés,
même sur les choses que nous pensons le mieux connaître, puisque aussi bien il a permis que nous le soyons quelquefois?

2. COGITO, ERGO SUM (8-12). — Dans ce doute universel, au moment où nous supposons qu'il n'y a ni Dieu, ni ciel, ni terre, ni
corps, il se trouve une chose dont nous ne pouvons douter, qui résiste aux plus extravagantes suppositions des sceptiques : nous ne
pouvons nous empêcher de croire que cette proposition : *Je pense,
donc je suis*, est vraie. De là il suit que notre âme est distincte
de notre corps. Supposons le corps supprimé : nous ne cesserons
pas d'être, pourvu que nous pensions (penser signifie ici vouloir,
entendre, imaginer, sentir). Supposons la pensée supprimée : nous
ne serons plus, même si le corps subsiste. D'ailleurs, nous som-

mes certains d'exister, et nous ne savons pas encore si notre corps existe. Ainsi, non seulement notre âme existe, mais son existence est incomparablement plus évidente et plus aisée à connaître que celle du corps.

5. Existence de Dieu (13-28). — En faisant la revue des idées ou notions qui sont en nous, nous trouvons l'idée d'un être tout-connaissant, tout-puissant, et extrêmement parfait. Or, dans cette idée est renfermée l'existence, de la même manière que dans l'idée de triangle est contenue la propriété d'avoir trois angles égaux à deux droits. Il serait aussi absurde de dire : l'Être parfait n'est pas, que de dire : Un triangle n'a pas ses trois angles égaux à deux droits ; car l'existence étant une perfection, ce serait dire : L'Être parfait n'est pas parfait. Et il faut remarquer que l'idée du parfait présente un caractère, une sorte de privilège qui la distingue de toute autre. En elle, en effet, c'est l'existence même qui est contenue, tandis que dans les autres, dans l'idée de triangle, par exemple, c'est, non l'existence, mais seulement la possibilité de l'existence. — Cette preuve nous persuaderait aisément si nous étions libres de préjugés. Mais d'ordinaire, comme nous pensons à bien des choses qui peuvent ne pas exister, nous nous figurons qu'il en est de même à l'égard de l'idée de Dieu. En y regardant de plus près, nous voyons qu'on ne peut penser à Dieu sans qu'il soit : en cette idée, et en elle seule, l'essence et l'existence se confondent.

Voici une autre preuve. Les idées qui sont en nous représentent différentes choses. La cause de cette différence ne peut se trouver en nous : en tant qu'elles dépendent de nous, les idées sont toutes de même nature. Pourtant, nos idées ne viennent pas du néant. Si nous avons par exemple l'idée d'une machine très compliquée, c'est que nous avons vu de telles machines, ou des machines analogues : la cause de l'idée est une réalité hors de nous. Considérons maintenant l'idée du parfait : elle ne vient ni du néant, ni des choses extérieures, car le plus parfait ne saurait venir du moins parfait ; elle ne vient pas non plus de nous-mêmes, car nous sommes imparfaits. Il faut donc que ces extrêmes perfections, dont nous avons l'idée, soient en quelque nature différente de la nôtre, et en effet très parfaite, c'est-à-dire en Dieu.

Voici enfin une troisième preuve. Quel est l'auteur de notre âme ou de notre pensée? Ce n'est pas nous, car « ce qui connaît quelque chose de plus parfait que soi ne s'est pas donné l'être, à cause que, par le même moyen, il se serait donné toutes les perfections dont il aurait eu connaissance. » Il reste donc que ce soit Dieu. Bien plus, nous ne saurions subsister, si à chacun des moments du temps, Dieu ne nous conservait l'existence.

Par là nous pouvons connaître les perfections ou attributs de Dieu d'une manière incomplète sans doute, mais très certaine. Il suffit d'analyser l'idée que nous avons de lui. Il est éternel, tout-connaissant, tout-puissant, source de toute bonté et vérité, créateur de toutes choses, immatériel. Il faut d'ailleurs nous souvenir que nous ne pouvons le comprendre tout entier, car il est infini.

Rappelons aussi qu'il y a une grande différence entre l'infini et l'indéfini. Dieu seul est infini, parce que ses perfections n'ont pas de bornes. Les choses peuvent être indéfinies, parce qu'au regard de notre entendement borné, elles ne paraissent pas en avoir, quoique peut-être elles en aient.

Cette même disproportion entre Dieu et nous doit nous empêcher de chercher quelles fins il s'est proposées en créant le monde. « Il faut rejeter entièrement de notre philosophie la recherche des causes finales. »

4. Théorie de l'erreur (29-42). — Dieu étant parfait n'a pu nous tromper : donc, tout ce que nous connaissons clairement et distinctement est vrai. Mais d'où vient l'erreur ? Prise en elle-même, elle n'est rien de positif : elle n'est que l'absence de connaissance, négation au regard de Dieu, privation ou défaut, au regard de l'homme. Nous ne nous trompons que si nous jugeons : or, le jugement résulte du concours de deux facultés : de l'entendement qui aperçoit les idées, de la volonté qui donne ou refuse librement son consentement, c'est-à-dire affirme ou nie. Mais la volonté est infinie, tandis que l'entendement est borné : en effet, la liberté, suivant Descartes, n'a pas de degrés : elle est tout entière, ou elle n'est pas : elle est en nous comme en Dieu même, c'est-à-dire infinie. Dès lors, elle peut affirmer plus que l'entendement ne conçoit, par suite donner son consentement à des idées obscures ou confuses. De là vient l'erreur. On ne peut reprocher à Dieu, ni de nous avoir donné un entendement imparfait, borné, mais non pas trompeur : rien ne l'obligeait à nous créer parfaits ; ni de nous avoir donné la liberté, qui est la principale perfection de l'homme. Mais en nous donnant la liberté, il rendait possible le mauvais usage que nous en faisons si souvent : c'est nous qui le rendons actuel. Nous sommes donc les seuls auteurs de l'erreur : et puisqu'elle dépend de nous, l'erreur n'a rien de fatal ni d'inévitable.

L'existence du libre arbitre se prouve d'ailleurs par l'expérience que nous en avons. Il est vrai que nous ne pouvons comprendre comment il s'accorde avec la prescience et la Providence divine, parce que nous ne pouvons embrasser l'infini, mais nous ne devons pas douter d'une chose que nous comprenons clairement et distinctement.

5. Théorie de la vérité (43-70). — Pour être infaillibles, il suffit de ne juger que de ce que nous concevons clairement et distinctement. Est claire toute connaissance qui est présente et manifeste à tout esprit attentif. Est distincte toute connaissance qui est tellement précise et différente de toutes les autres, qu'elle ne comprend en soi que ce qui paraît manifestement à celui qui la considère comme il faut. Une connaissance peut être claire sans être distincte : ainsi l'idée de la douleur; mais non pas distincte sans être claire. Dès notre enfance, mêlant les idées distinctes aux idées confuses, nous avons rempli notre esprit de préjugés; pour nous en affranchir, il faut faire un dénombrement des notions simples qui composent nos pensées, et séparer en chacune d'elles ce qui est clair et ce qui est obscur.

A. — Toutes nos connaissances sont de deux sortes. Il y a d'abord des vérités ou notions communes, ou maximes; par exemple : *On ne saurait faire quelque chose de rien;* — *Pour penser, il faut être;* — *Il est impossible qu'une même chose soit et en même temps ne soit pas,* etc. Il serait malaisé de dénombrer ces vérités, et c'est d'ailleurs inutile, car chacun les connaît naturellement et ne peut manquer de les savoir lorsque l'occasion se présente de penser à elles. Remarquons d'ailleurs que ces vérités ne sont rien hors de notre pensée : elles ne représentent pas une réalité donnée hors de nous.

B. — En outre, nous avons les idées de choses qui ont quelque existence. Ce sont ces idées qu'il importe d'énumérer ici. Parmi elles, il faut distinguer : (α) des notions générales qui se peuvent rapporter à toutes choses : telles sont les notions de substance, de durée, d'ordre, de nombre. Nous avons en outre (β) des notions plus particulières qui servent à distinguer les précédentes; telles sont les idées des substances intellectuelles (substances intelligentes ou propriétés qui leur appartiennent : entendement, volonté, etc.), et les idées des choses corporelles (étendue et propriétés qui lui appartiennent, figure, mouvement, situation des parties, divisibilité, etc.). Enfin (γ) certaines notions ne se rapportent ni à l'âme seule ni au corps seul, mais à l'étroite union qui est entre eux; tels sont les appétits, les émotions ou passions de l'âme, tous les sentiments, comme la lumière, les odeurs, les sens, etc. — Examinons toutes ces idées plus en détail.

α. — La substance est une chose qui existe de telle façon qu'elle n'a besoin que de soi-même pour exister. A proprement parler, ce nom ne convient qu'à Dieu : « il n'est pas *univoque* à l'égard de Dieu et de ses créatures, c'est-à-dire qu'il n'y a aucune signification de ce mot qui convienne en même sens à lui et à elles. » Cependant on peut donner le nom de substances aux choses créées, en tant seulement que nous apercevons qu'elles peuvent exister sans l'aide d'aucune chose créée.

Ces substances créées, nous ne pouvons les connaître en elles-mêmes : il faut qu'elles aient quelque attribut que nous puissions remarquer. Tout attribut révèle la substance. Cependant chaque substance a un attribut principal qui en constitue la nature et l'essence. Ces attributs sont, pour la nature corporelle, l'étendue en longueur, largeur et profondeur; pour la substance intellectuelle, la pensée.

Nous avons aussi des idées claires et distinctes de la durée, de l'ordre et du nombre ; il faut seulement se souvenir que la durée, l'ordre et le nombre n'existent pas par eux-mêmes, mais sont des modes ou manières d'être des substances : ils ne diffèrent pas des choses ordonnées, ou nombrées. — Les termes : *attribut*, *mode*, *qualité* sont synonymes, à cela près qu'on entend par attributs les qualités permanentes, par qualités, les attributs qui font qu'une chose est nommée de telle ou telle façon, par modes, les qualités qui font que la substance est autrement disposée ou modifiée.

Il y a des attributs, comme ceux dont on vient de parler, qui appartiennent réellement aux choses ; il y en a d'autres qui dépendent seulement de notre pensée : tels sont les cinq universaux, genre, espèce, différence, propre et accident.

(β). — Outre les idées qui conviennent à toutes choses, il en est d'autres, on l'a vu, qui servent à les distinguer. La distinction peut ou bien être réelle, par exemple si on distingue deux substances que l'on conçoit clairement et distinctement l'une sans l'autre : ainsi le corps et l'âme ; — ou être modale, par exemple si on distingue un mode de la substance dont il dépend, ou deux modes de cette substance : ainsi la figure ou le mouvement et la substance corporelle ; — ou enfin ne se faire que par la pensée, par exemple si on distingue la substance d'un de ses attributs sans lequel il n'est pas possible que nous en ayons une connaissance distincte : ainsi l'étendue sans la divisibilité.

Ainsi, on peut distinguer l'étendue et la pensée en tant que l'une constitue la nature du corps et l'autre celle de l'âme. On peut les concevoir aussi en les considérant comme des modes ou attributs de ces substances.

(γ). — Enfin nous avons des notions distinctes de nos sentiments, affections et appétits. Il faut avoir soin seulement de ne comprendre dans les jugements que nous en faisons que ce que nous concevons clairement et distinctement. Ainsi, quand nous percevons une couleur, tout ce que nous concevons clairement, c'est la manière dont nous sommes affectés ; mais dès l'enfance nous avons contracté l'habitude de croire que toutes les choses que nous sentons ont une existence hors de nous : par exemple, nous sommes portés à croire qu'il y a hors de nous une réalité semblable à la couleur. C'est de cette confusion que naît l'erreur. Même préjugé quand nous situons nos sentiments de douleur dans la main ou le pied. Tout ce que nous savons sûrement de ces sentiments, c'est que nous les éprouvons : le reste est ajouté, et n'est pas certain.

C'est tout autrement que nous connaissons la grandeur, la figure, le mouvement, etc. Nous pouvons affirmer sans crainte que ces idées correspondent à des réalités extérieures.

6. DES CAUSES DE L'ERREUR (71-76). — La première cause d'erreur se trouve dans les préjugés de notre enfance. A l'origine, nous percevons des impressions de douleur, de plaisir, de couleur, de lumière, propres seulement à nous faire connaître ce qui nous est nuisible ou avantageux. Nous percevons aussi des grandeurs, des figures, des mouvements. Parmi ces perceptions, les premières ne sont qu'en nous, les secondes correspondent à des réalités; mais nous avons tout confondu, et attribué l'existence aux unes comme aux autres.

La deuxième cause est que nous ne pouvons oublier ces préjugés : l'habitude est plus forte que la volonté. Comment nous figurer, par exemple, que les étoiles ne sont pas fort petites, en dépit de ce qu'enseigne l'astronomie?

La troisième cause est que notre esprit se fatigue lorsqu'on le rend attentif à tout ce dont nous jugeons. Ainsi nous avons peine à concevoir qu'une chose puisse exister, si elle n'est corporelle, ou imaginable : tant il nous est plus aisé de faire usage de l'imagination que de l'entendement !

La quatrième cause est que nous attachons nos pensées à des paroles qui ne les expriment pas exactement. Nous donnons souvent notre attention aux mots sans en bien comprendre la signification.

En résumé, à condition de ne jamais donner notre consentement qu'à ce que nous comprenons bien, nous ne nous tromperons jamais. Il faut surtout se souvenir que l'autorité divine est incomparablement plus certaine que tout le reste: c'est dans les choses dont la théologie ne se mêle point qu'il faut se fier à la seule raison.

III

Il ne saurait être question d'entreprendre ici un examen approfondi du premier livre des *Principes*, et de discuter toutes les

questions qui y sont soulevées. Indiquons seulement quelques-
unes des principales difficultés qui ont été signalées, soit du
vivant même de Descartes, soit après sa mort.

A propos du doute méthodique, on a souvent reproché à Descartes sa témérité. Il s'aventure si loin, a-t-on dit, qu'il finit par ne
plus pouvoir revenir en arrière : pour avoir fait trop de conces-
sions aux sceptiques, il reste leur prisonnier. Ainsi, il n'a pu
échapper à ce doute, appelé par lui-même hyperbolique, qu'au
prix d'une pétition de principe, en invoquant la véracité divine
comme garantie de l'évidence, alors que l'existence de Dieu
n'est elle-même prouvée qu'en se référant au critérium de
l'évidence.

Il faut avouer que Descartes a fait « au scepticisme sa part. »
En effet, déclarer que seule la perfection de Dieu peut nous assurer
que le monde extérieur existe, c'est dire que l'esprit humain par
lui-même n'atteint pas la réalité, du moins en ce qui concerne le
monde. L'intelligence humaine ne se suffit pas à elle-même : il lui
faut une garantie, une aide extérieure. Réduite à ses seules forces,
elle n'échapperait pas au scepticisme.

On a certainement raison de reprocher à Descartes cette conces-
sion au scepticisme, si l'on croit que l'esprit humain peut s'assurer
autrement de la réalité extérieure, si l'on estime qu'il la saisit en
elle-même, soit par une intuition immédiate, soit par une démonstration où il n'entre que des éléments rationnels. Il faut reconnaître toutefois que la question est encore bien controversée de
nos jours : l'idéalisme a toujours eu et a encore de nombreux partisans; et ceux-là ne conviendront pas aisément que Descartes se
soit trompé sur ce point.

Pour ce qui est de la pétition de principe dont on l'a tant de fois
accusé, il serait impossible de l'en disculper, si Descartes avait
dit que *dans tous les cas* l'évidence a besoin d'être garantie par la
véracité divine. Mais c'est ce qu'il n'a pas fait. Jamais en effet il
n'a admis qu'*au moment où* nous concevons clairement et distinctement une chose, il soit nécessaire de recourir à une garantie
extérieure pour nous assurer qu'elle est vraie. Ce n'est que quand
il s'agit de vérités *autrefois* connues, et dont nous nous souvenons,
qu'il y a lieu d'invoquer la véracité de Dieu. Ainsi, au moment où
nous comprenons des vérités mathématiques, où nous affirmons le
cogito, où nous voyons que l'idée du parfait renferme l'existence,
la clarté et la distinction des idées nous sont une garantie suffi-
sante. Alors, mais alors seulement, l'esprit se suffit à lui-même. A
ce moment, Descartes l'a dit en propres termes, nous n'avons pas
à craindre d'être trompés par un malin génie, ou par un Dieu très
puissant. En d'autres termes, il n'a pas poussé son doute hyper-

bolique jusqu'au bout. Il s'est arrêté à temps. Il a fait précisément ce qu'on lui reproche de n'avoir pas fait. Il a donc pu invoquer la clarté et la distinction des idées pour prouver l'existence de Dieu, sans admettre implicitement cette existence. Il n'a pas commis de pétition de principe.

Il ne paraît pas utile d'insister ici sur les difficultés qu'on a soule-vées à propos du *cogito, ergo sum*, et des preuves de l'existence de Dieu [1]. Signalons seulement le passage où Descartes proscrit rigou-reusement de sa philosophie la recherche des causes finales : c'est encore un de ceux qu'on lui a le plus souvent reprochés. Il faut remarquer toutefois que Descartes ne nie pas que Dieu se soit pro-posé certaines fins : il croit à la Providence. Seulement il n'a pas de la puissance de notre esprit une assez haute idée pour admettre que nous soyons capables de découvrir ces fins. C'est peut-être un excès de défiance. Ajoutons que c'est uniquement de la physique qu'il faut, suivant lui, exclure l'idée de la finalité : sur ce point, tous les savants et même tous les philosophes sont aujourd'hui d'accord avec lui.

De toutes les théories de Descartes, celle peut-être qui a rencon-tré le plus de résistance est sa théorie de l'erreur. Ce n'est pas qu'on la répudie tout entière; on admet volontiers qu'en certains cas l'erreur dépend de notre volonté. Et il le faut bien puisqu'il y a des erreurs que l'on punit. C'est d'ailleurs un lieu commun de dire que l'erreur a souvent pour cause la témérité ou la précipitation de nos jugements. Mais la doctrine de Descartes repose tout en-tière sur cette proposition que juger est un acte de la volonté, et de la volonté libre : voilà ce qui paraît difficile à admettre. Sommes-nous libres de croire que deux et deux font cinq, ou que le tout est plus petit que la partie? Juger, dit-on, est un acte purement intel-lectuel : mille exemples le prouvent.

Nous ne voulons pas dire, bien loin de là, qu'il soit impossible de justifier la théorie de Descartes, en dépit de cette objection. Mais ce n'est pas ici le lieu d'aborder cette très délicate question. Bor-nons-nous à reconnaître qu'il y a là une réelle difficulté, sur laquelle Descartes ne s'est pas suffisamment expliqué. Il admet comme une chose évidente qu'il dépend de nous d'affirmer ou de nier : il aurait fallu, semble-t-il, justifier cette assertion, et prévoir les principales objections qu'elle soulève. — On peut toutefois re-gretter que ceux qui ont critiqué la théorie de Descartes n'aient pas pris soin en même temps de dire comment on pourrait expliquer

1. Voir sur ce point les *Éclaircissements* placés à la suite du *Dis-cours de la Méthode* dans notre édition. Paris, G. Baillière, 1880.

l'erreur. Il est plus aisé de combattre la solution cartésienne que de
la remplacer.

Dans la théorie de la vérité, telle que l'expose Descartes, il faut
signaler une grave et fâcheuse lacune. Parmi les idées claires et distinctes, le philosophe distingue les idées des choses, et les vérités
ou maximes, qui sont ce que nous appelons aujourd'hui les premiers
principes. Il examine en détail les premières : il ne dit presque rien
des secondes. Pour justifier son silence, il donne deux raisons. La
première est que ces vérités sont connues de tout le monde, et qu'on
les comprend chaque fois qu'on a besoin de les appliquer. — Mais
les idées des choses sont aussi connues de tout le monde : et si,
comme le croit Descartes, il est plus facile de se tromper quand on
se sert de ces idées, il ne semble pas que nous soyons tout à fait
à l'abri de l'erreur et des préjugés quand il s'agit des vérités ou
maximes : le sophisme, si connu, *post hoc, ergo propter hoc*, pour ne
citer qu'un exemple, vient de l'application irrégulière d'un de ces
principes.

L'autre raison est que ces vérités ou maximes ne représentent
pas des choses réelles hors de nous. Pourtant, c'est au moyen de
ces principes que nous passons des idées aux choses. Le *cogito*,
Descartes le dit expressément, repose sur cette notion commune
que pour penser il faut être. Deux des preuves de l'existence de
Dieu sont fondées sur cette maxime, que toute chose doit avoir
une cause. Si telle est l'importance de ces principes, il n'eût pas
été hors de propos, semble-t-il, d'en dresser une liste exacte,
d'indiquer à quelles conditions l'emploi en est légitime, d'en
déterminer la valeur, de faire en un mot pour les vérités le même
travail que Descartes a fait pour les idées des choses. On sait
qu'après Descartes, et à partir de Leibnitz, les rôles ont été ren-
versés : l'étude de ces vérités premières, nerf de toute pensée,
fondement de toute science, est devenue chez les philosophes ulté-
rieurs une des questions capitales de la philosophie.

Parmi les idées des choses, Descartes place au premier rang
l'idée de la substance. Il a soin de nous avertir que ce mot n'a pas
du tout le même sens, qu'il n'est pas *univoque*, quand on l'applique
à Dieu ou aux créatures. Mais alors pourquoi désigner d'un même
nom des choses entièrement différentes? C'était préparer, comme
de gaieté de cœur, une équivoque. Tous les successeurs de
Descartes n'admettront pas cette distinction : ou plutôt, même
quand ils l'admettront, ils seront amenés peu à peu à absorber
les substances créées dans la substance divine, la seule qui mérite
vraiment d'être appelée une substance. Avec une apparence de
raison, Spinoza ne donnera au mot substance qu'une seule signification, et déclarera qu'il n'y a qu'une seule substance; la pensée

et l'étendue ne seront plus que des attributs. Leibnitz n'a pas eu tort de dire que la philosophie de Descartes renferme des semences de spinozisme.

En distinguant parmi les substances créées, et en opposant l'une à l'autre la pensée et l'étendue, Descartes préparait de nouvelles difficultés. D'abord, définir l'âme une substance dont toute la nature n'est que de penser, c'était, en dépit du grand rôle attribué à la volonté, la considérer surtout comme une chose passive et inerte. Là encore se trouve en germe la doctrine de la passivité universelle des créatures, à laquelle Malebranche donnera tout son développement, et qui finira par absorber en Dieu toute activité et, par suite, toute existence. Par là encore le cartésianisme conduira au panthéisme.

La définition de la substance matérielle, réduite par Descartes à la seule étendue, a aussi donné lieu à de nombreuses difficultés. On sait quelles graves objections Leibnitz a adressées à la conception de Descartes. Mais ce n'est pas ici le lieu d'insister sur une question qui appartient plutôt à la philosophie de la nature et à la métaphysique qu'à la théorie de la connaissance.

Si la théorie de la connaissance de Descartes présente des difficultés ou des lacunes, il n'est que juste de remarquer qu'à l'époque où elle parut, elle réalisait un immense progrès. Pas une fois depuis les grands philosophes de l'antiquité, les principes de la science humaine n'avaient été mis à nu avec autant de hardiesse, définis avec autant de précision, scrutés avec une aussi sage défiance, et en même temps maintenus avec une aussi fière confiance dans la puissance de l'esprit. Sans doute, la méthode que Descartes tira de cette étude n'est pas encore la méthode définitive ; elle ne fait pas, quoique Descartes fût en réalité un curieux et patient investigateur de la nature, une part assez large à l'observation directe des faits, à l'induction. Par sa prétention de déduire l'explication du monde des premiers principes, de la construire à l'aide de raisonnements *à priori*, elle est encore trop attachée à la tradition : elle appartient encore au passé. Mais du moins, par la manière dont il règle l'emploi de cette méthode, Descartes se met à l'abri de la plupart des erreurs où s'étaient perdus ses devanciers. S'il n'a pas découvert du premier coup la science définitive, il a montré ce qu'elle devait être et quelles conditions elle devait remplir : il a marqué le but, s'il ne l'a pas atteint. Grâce à lui, l'esprit humain se montrera désormais plus exigeant : il ne croira qu'à bon escient, sur des preuves, non sur des vraisemblances; il réclamera des idées, non des mots, et jusque dans ses plus grandes témérités, il fera preuve d'une précision

et d'une rigueur inconnues depuis longtemps. C'est par là surtout
que Descartes a bien mérité de la science. Ceux qui viendront
après lui, même lorsqu'ils arriveront aux conséquences les plus
éloignées des siennes, lui devront beaucoup; car c'est de lui
qu'ils auront appris sinon la science même, au moins le véritable esprit de la science. C'est à lui, plus qu'à tout autre, que
revient la gloire d'avoir substitué la raison à l'autorité, l'étude
directe de la nature et la réflexion à la routine et à la tradition, la défiance scientifique et la rigueur méthodique aux témérités d'une dialectique aventureuse. C'est lui qui a affranchi
l'esprit humain, lui a révélé sa force, et a ouvert à la science une
ère nouvelle.

Enfin, il faut se souvenir que l'étude des principes de la connaissance n'est pour Descartes que le préambule de la philosophie :
elle n'en est pas la partie essentielle. Ce sont les philosophes du
dix-huitième siècle qui prendront pour objet principal de leurs
recherches l'esprit lui-même; pour Descartes, la philosophie est
avant tout la science de la nature. S'il s'arrête à l'étude des principes de la connaissance, c'est qu'avec sa haute raison, il a bien
vu qu'on ne peut construire un système durable sans en assurer
les fondements : il reste vrai néanmoins qu'il n'a pas traité cette
question pour elle-même, et n'en a pris que ce qui était nécessaire à son grand dessein. Par suite, si l'on veut apprécier équi-
tablement sa théorie de la connaissance, il ne faut pas l'isoler.
C'est à ses fruits qu'on connaît une méthode; c'est l'œuvre entière
des *Principes de la philosophie* qu'il faut juger, et non pas seulement le premier livre. Or il est incontestable que cette œuvre est
restée et restera un des plus beaux monuments du génie humain.
Il s'y trouve des erreurs; on a pu au dix-huitième siècle se
moquer de la théorie des tourbillons; on doit à présent, après
tant de progrès accomplis dans les sciences, abandonner beaucoup
des théories qui y sont contenues. Il n'en reste pas moins vrai
que les *Principes de la philosophie* sont l'œuvre d'un génie prodi-
gieux. Ils sont en avance de deux ou trois siècles sur le temps où
ils ont paru. Nous ne saurions mieux terminer cette rapide
étude qu'en rappelant le jugement porté récemment sur l'œuvre
scientifique de Descartes, par un illustre savant étranger. « De
tous les penseurs, celui qui d'après moi représente mieux que
tout autre la souche et le tronc de la philosophie et de la science
modernes, c'est René Descartes. Je m'explique: celui qui s'attache
à un des résultats caractéristiques de la pensée moderne, soit
en fait de philosophie, soit en fait de science, reconnaîtra que le
sens, sinon la forme de cette pensée était présent à l'esprit du
grand Français. Certains hommes sont réputés grands parce

qu'ils représentent l'actualité de leur époque, et nous la reflètent telle qu'elle est. Mais d'autres hommes sont grands parce qu'ils représentent tout ce que leur époque a de forces latentes, et leur magie consiste à nous refléter l'avenir. Ils expriment les pensées qui seront celles de tout le monde deux ou trois siècles après eux. Tel fut René Descartes[1]. »

1. HUXLEY, *Les sciences naturelles et les problèmes qu'elles font surgir*, XIV. (Paris, J. B. Baillière, 1877.)

LES PRINCIPES

DE LA PHILOSOPHIE [1]

A LA SÉRÉNISSIME PRINCESSE

ÉLISABETH [2]

PREMIÈRE FILLE DE FRÉDÉRIC, ROI DE BOHÈME, COMTE PALATIN
ET PRINCE-ÉLECTEUR DE L'EMPIRE

MADAME,

Le plus grand avantage que j'aie reçu des écrits que j'ai
ci-devant publiés a été qu'à leur occasion j'ai eu l'honneur
d'être connu de Votre Altesse, et de lui pouvoir quelquefois
parler, ce qui m'a procuré le bonheur de remarquer en elle
des qualités si rares et si estimables, que je crois que c'est

1. Les *Principes de la philosophie* furent publiés pour la première fois, en latin, à Amsterdam, en 1644. En 1647, l'abbé Picot les traduisit en français : Descartes a revu et approuvé cette traduction, et il dit dans sa préface que les *Principes* seront mieux entendus en français qu'en latin. — Nous reproduisons ici le texte donné par Victor Cousin dans sa grande édition des œuvres de Descartes (Paris, Levrault, 1824). Cousin reproduisait lui-même le texte de l'édition de 1681, revue par Clerselier. La distinction des chapitres et les sous-titres, tels qu'on les a indiqués dans la présente édition, se trouvent dans l'édition primitive des *Principes*.
2. La princesse Elisabeth, fille de Frédéric V, électeur palatin du Rhin, et élu roi de Bohème au commencement de la guerre de Trente ans, était une fervente cartésienne. C'est à elle que Descartes a adressé un grand nombre de lettres où il expose ses idées sur la morale. Elle fut, dit Descartes, la seule personne qui comprit également bien la partie géométrique et la partie métaphysique de sa philosophie. C'est à la Haye, où la princesse s'était réfugiée avec sa mère, que Descartes lui fut présenté; il lui fit de fréquentes visites pour lui parler de ses doctrines

rendre service au public de les proposer à la postérité pour
exemple. J'aurais mauvaise grâce à vouloir flatter, ou bien à
écrire des choses dont je n'aurais point de connaissance
certaine, principalement aux premières pages de ce livre,
dans lequel je tâcherai de mettre les principes de toutes les
vérités que l'esprit humain peut savoir. Et la généreuse
modestie que l'on voit reluire en toutes les actions de Votre
Altesse m'assure que les discours simples et francs d'un
homme qui n'écrit que ce qu'il croit lui seront plus agréables
que ne seraient des louanges ornées de termes pompeux et
recherchés par ceux qui ont étudié l'art des compliments.
C'est pourquoi je ne mettrai rien en cette lettre dont l'expérience [1] et la raison ne m'ait rendu certain; et j'y écrirai en
philosophe ainsi que dans le reste du livre. Il y a bien de
la différence entre les vraies vertus et celles qui ne sont
qu'apparentes; et il y en a aussi beaucoup entre les vraies
qui procèdent d'une exacte connaissance de la vérité, et
celles qui sont accompagnées d'ignorance ou d'erreur. Les
vertus que je nomme apparentes ne sont, à proprement parler, que des vices, qui, n'étant pas si fréquents que d'autres
vices qui leur sont contraires, ont coutume d'être plus estimés que les vertus qui consistent en la médiocrité, dont
ces vices opposés sont les excès. Ainsi, à cause qu'il y a
bien plus de personnes qui craignent trop les dangers qu'il
n'y en a qui les craignent trop peu, on prend souvent la
témérité pour une vertu; et elle éclate bien plus aux occasions que ne fait le vrai courage. Ainsi les prodigues ont
coutume d'être plus loués que les libéraux; et ceux qui
sont véritablement gens de bien n'acquièrent point tant la

---

jusqu'au jour où la princesse, accusée d'avoir pris part au meurtre du
gentilhomme français d'Epinay, accompli par son frère Philippe, fut
forcée de quitter la Hollande. Elle avait refusé la main de Wladislas IV,
roi de Pologne, afin, dit-on, de se consacrer tout entière à la philosophie.
A la fin de sa vie, devenue abbesse d'Hervorden, en Westphalie, elle fit
de son abbaye une sorte d'académie cartésienne. Elle connut aussi les
principaux disciples de Descartes et entretint une correspondance avec
Malebranche. — Voir l'excellente *Histoire de la philosophie cartésienne*,
de M. Fr. Bouillier, chap. XII.

1. Il est assez rare de voir Descartes joindre l'expérience à la raison
pour justifier la certitude. Ordinairement, c'est la raison seule qu'il
invoque.

réputation d'être dévots que font les superstitieux et les hypocrites. Pour ce qui est des vraies vertus, elles ne viennent pas toutes d'une vraie connaissance, mais il y en a qui naissent aussi quelquefois du défaut ou de l'erreur : ainsi la simplicité est souvent la cause de la bonté, souvent la peur donne de la dévotion, et le désespoir du courage. Or les vertus qui sont ainsi accompagnées de quelque imperfection sont différentes entre elles, et on leur a aussi donné divers noms. Mais celles qui sont si pures et si parfaites qu'elles ne viennent que de la seule connaissance du bien sont toutes de même nature, et peuvent être comprises sous le seul nom de la sagesse[1]. Car quiconque a une volonté ferme et constante d'user toujours de sa raison le mieux qu'il est en son pouvoir, et de faire en toutes ses actions ce qu'il juge être le meilleur, est véritablement sage autant que sa nature permet qu'il le soit; et par cela seul il est juste, courageux, modéré, et a toutes les autres vertus, mais tellement jointes ensemble qu'il n'y en a aucune qui paraisse plus que les autres : c'est pourquoi encore qu'elles soient beaucoup plus parfaites que celles que le mélange de quelque défaut fait éclater, toutefois, à cause que le commun des hommes les remarque moins, on n'a pas coutume de leur donner tant de louanges. Outre cela, de deux choses qui sont requises à la sagesse ainsi décrite, à savoir que l'entendement connaisse tout ce qui est bien et que la volonté soit toujours disposée à le suivre, il n'y a que celle qui consiste en la volonté que tous les hommes puissent également avoir, d'autant que l'entendement de quelques-uns n'est pas si bon que celui des autres[2]. Mais encore que ceux qui

1. Cette distinction entre les vertus « qui naissent quelquefois du défaut ou de l'erreur », et celles qui ne viennent que de la seule connaissance du bien, rappelle un passage du *Ménon*, où Platon distingue aussi les vertus qui reposent seulement sur l'opinion vraie et celles qui procèdent de la science. Ces dernières seules, aux yeux de Platon, sont les véritables vertus; aussi peut-on dire avec Socrate que la vertu est une et non pas multiple : la vertu unique, qui comprend toutes les autres, est la science. Tel est aussi l'avis de Descartes. — De même, il est d'accord avec Socrate et Platon, quand il dit dans le *Discours de la méthode* : « Il suffit de bien juger pour bien faire. » (III, p. 45 de notre édition. Paris, G. Baillière, 1880.)

2. Descartes semble dire le contraire dans le *Discours de la méthode* (I),

n'ont pas tant d'esprit puissent être aussi parfaitement sages
que leur nature le permet, et se rendre très agréables à
Dieu par leur vertu, si seulement ils ont toujours une
ferme résolution de faire tout le bien qu'ils sauront, et de
n'omettre rien pour apprendre celui qu'ils ignorent; toutefois ceux qui, avec une constante volonté de bien faire et
un soin très particulier de s'instruire, ont aussi un très
excellent esprit, arrivent sans doute à un plus haut degré
de sagesse que les autres. Et je vois que ces trois choses
se trouvent très parfaitement en Votre Altesse. Car, pour
le soin qu'elle a eu de s'instruire, il paraît assez de ce que
ni les divertissements de la cour, ni la façon dont les prin-
cesses ont coutume d'être nourries, qui les détournent
entièrement de la connaissance des lettres, n'ont pu empêcher que vous n'ayez étudié avec beaucoup de soin tout
ce qu'il y a de meilleur dans les sciences; et l'on connaît
l'excellence de votre esprit en ce que vous les avez parfaitement apprises en fort peu de temps. Mais j'en ai encore une autre preuve qui m'est particulière, en ce que je
n'ai jamais rencontré personne qui ait si généralement et
si bien entendu tout ce ce qui est contenu dans mes écrits.
Car il y en a plusieurs qui les trouvent très obscurs[1], même
entre les meilleurs esprits et les plus doctes; et je remarque
presque en tous que ceux qui conçoivent aisément les
choses qui appartiennent aux mathématiques ne sont nul-
lement propres à entendre celles qui se rapportent à la
métaphysique, et au contraire que ceux à qui celles-ci sont
aisées ne peuvent comprendre les autres : en sorte que je
puis dire avec vérité que je n'ai jamais rencontré que le
seul esprit de Votre Altesse auquel l'un et l'autre fût éga-

---

quand il déclare que « le bon sens ou *la raison* est naturellement égal
en tous les hommes ». — S'il fallait choisir entre ces deux opinions,
c'est celle qu'il exprime ici qui semblerait devoir obtenir la préférence.

1. Cette obscurité est réelle : il faut ajouter qu'elle est quelquefois
volontaire. Descartes avoue dans une de ses lettres qu'il prend plaisir à
ne pas dire toute sa pensée, afin d'embarrasser ses adversaires : « J'avais
prévu que certaines gens, qui se vantent de savoir tout, n'auraient pas
manqué de dire que je n'avais rien écrit qu'ils n'eussent su auparavant,
si je me fusse rendu assez intelligible pour eux, et je n'aurais pas eu le
plaisir de voir l'incongruité de leurs objections. » — (*Lettres,* édit.
Cousin, t. VII, p. 150.)

lement facile; ce qui fait que j'ai une très juste raison de
l'estimer incomparable. Mais ce qui augmente le plus
mon admiration, c'est qu'une si parfaite et si diverse connaissance de toutes les sciences n'est point en quelque
vieux docteur qui ait employé beaucoup d'années à
s'instruire, mais en une princesse encore jeune et dont le
visage représente mieux celui que les poètes attribuent aux
Grâces que celui qu'ils attribuent aux Muses ou à la savante
Minerve. Enfin je ne remarque pas seulement en Votre
Altesse tout ce qui est requis de la part de l'esprit à la plus
haute et plus excellente sagesse, mais aussi tout ce qui peut
être requis de la part de la volonté ou des mœurs, dans
lesquelles on voit la magnanimité et la douceur jointes
ensemble avec un tel tempérament que, quoique la fortune, en vous attaquant par de continuelles injures, semble
avoir fait tous ses efforts pour vous faire changer d'humeur,
elle n'a jamais pu tant soit peu ni vous irriter ni vous
abattre. Et cette sagesse si parfaite m'oblige à tant de véné-
ration, que non seulement je pense lui devoir ce livre,
puisqu'il traite de la philosophie qui en est l'étude, mais
aussi je n'ai pas plus de zèle à philosopher, c'est-à-dire à
tâcher d'acquérir de la sagesse, que j'en ai à en être,

MADAME,

DE VOTRE ALTESSE

Le très humble, très obéissant
et très dévot serviteur,

DESCARTES.

LETTRE DE L'AUTEUR

A CELUI QUI A TRADUIT LE LIVRE

LAQUELLE PEUT ICI SERVIR DE PRÉFACE

MONSIEUR,

La version que vous avez pris la peine de faire de mes *Principes* est si nette et si accomplie, qu'elle me fait espérer qu'ils seront lus par plus de personnes en français qu'en latin, et qu'ils seront mieux entendus. J'appréhende seulement que le titre n'en rebute plusieurs qui n'ont point été nourris aux lettres, ou bien qui ont mauvaise opinion de la philosophie, à cause que celle qu'on leur a enseignée ne les a pas contentés; et cela me fait croire qu'il serait bon d'y ajouter une préface qui leur déclarât quel est le sujet du livre, quel dessein j'ai eu en l'écrivant, et quelle utilité l'on en peut tirer. Mais encore que ce dût être à moi à faire cette préface, à cause que je dois savoir ces choses-là mieux qu'aucun autre, je ne puis néanmoins rien obtenir de moi autre chose sinon que je mettrai ici en abrégé les principaux points qui me semblent y devoir être traités; et je laisse à votre discrétion d'en faire telle part au public que vous jugerez être à propos.

J'aurais voulu premièrement y expliquer ce que c'est que philosophie, en commençant par les choses les plus vulgaires, comme sont, que ce mot de *philosophie* signifie l'étude de la sagesse, et que par la sagesse on n'entend pas seulement la prudence dans les affaires, mais une parfaite connaissance de toutes les choses que l'homme peut savoir, tant pour la conduite de sa vie que pour la conservation de sa santé et l'invention de tous les arts[1]; et qu'afin que cette

---

1. Descartes n'a jamais considéré la philosophie comme une science purement spéculative. A l'exemple des premiers philosophes, il la regarde comme la science universelle : et ce qui l'intéresse surtout en elle, ce

connaissance soit telle il est nécessaire qu'elle soit déduite des premières causes[1]; en sorte que pour étudier à l'acquérir, ce qui se nomme proprement philosopher, il faut commencer par la recherche de ces premières causes, c'est-à-dire des principes; et que ces principes doivent avoir deux conditions, l'une qu'ils soient si clairs et si évidents que l'esprit humain ne puisse douter de leur vérité, lorsqu'il s'applique avec attention à les considérer; l'autre, que ce soit d'eux que dépende la connaissance des autres choses, en sorte qu'ils puissent être connus sans elles, mais non pas réciproquement elles sans eux; et qu'après cela il faut tâcher de déduire tellement de ces principes la con. aissance des choses qui en dépendent, qu'il n'y ait rien en toute la suite des déductions qu'on en fait qui ne soit très manifeste. Il n'y a véritablement que Dieu seul qui soit parfaitement sage, c'est-à-dire qui ait l'entière connaissance de la vérité de toutes choses; mais on peut dire que les hommes ont plus ou moins de sagesse à proportion qu'ils ont plus ou moins de connaissance des vérités plus importantes. Et je crois qu'il n'y a rien en ceci dont tous les doctes ne demeurent d'accord[2].

sont les applications utiles auxquelles pourra donner lieu la connaissance de la vérité. Au fond, la métaphysique n'est pour lui qu'un moyen d'établir solidement les premiers principes des sciences, telles que la morale et la médecine; c'est cette dernière surtout qui est le but suprême de ses efforts : « Au lieu de cette philosophie spéculative qu'on enseigne dans les écoles, dit-il dans le *Discours de la méthode*, on en peut traiter une pratique... ce qui n'est pas seulement à désirer pour l'invention d'une infinité d'artifices, mais principalement aussi pour la conservation de la santé, laquelle est sans doute le premier bien et le fondement de tous les autres biens de cette vie.... On se pourrait exempter d'une infinité de maladies, tant du corps que de l'esprit, et même aussi peut-être de l'affaiblissement de la vieillesse, si on avait assez de connaissance de leurs causes et de tous les remèdes dont la nature nous a pourvus. » (VI, p. 72.)

1. Tel est l'idéal de la science pour Descartes et pour tous les philosophes de son temps; il faut aller des causes aux effets. La science moderne, du moins la science de la nature, procède d'une façon tout opposée : la méthode d'observation remonte des effets aux causes. Ce n'est pas à dire que l'idéal de Descartes doive être abandonné : il demeure toujours le type de la science parfaite. La science deviendra peut-être un jour déductive, mais ce ne sera qu'après avoir découvert, par l'induction, ses premiers principes.

2. Ce que personne ne contestait au temps de Descartes serait, au con-

J'aurais ensuite fait considérer l'utilité de cette philosophie, et montré que, puisqu'elle s'étend à tout ce que l'esprit humain peut savoir, on doit croire que c'est elle seule qui nous distingue des plus sauvages et barbares, et que chaque nation est d'autant plus civilisée et polie que les hommes y philosophent mieux ; et ainsi que c'est le plus grand bien qui puisse être dans un État que d'avoir de vrais philosophes. Et outre cela que, pour chaque homme en particulier, il n'est pas seulement utile de vivre avec ceux qui s'appliquent à cette étude, mais qu'il est incomparablement meilleur de s'y appliquer soi-même[1], comme sans doute il vaut beaucoup mieux se servir de ses propres yeux pour se conduire, et jouir par même moyen de la beauté des couleurs et de la lumière, que non pas de les avoir fermés et suivre la conduite d'un autre ; mais ce dernier est encore meilleur que de les tenir fermés et n'avoir que soi pour se conduire. Or c'est proprement avoir les yeux fermés, sans tâcher jamais de les ouvrir, que de vivre sans philosopher ; et le plaisir de voir toutes les choses que notre vue découvre n'est point comparable à la satisfaction que donne la connaissance de celles qu'on trouve par la philosophie ; et, enfin, cette étude est plus nécessaire pour régler nos mœurs et nous conduire en cette vie, que n'est l'usage de nos yeux pour guider nos pas. Les bêtes brutes, qui n'ont que leurs corps à conserver, s'occupent continuellement à chercher de quoi le nourrir ; mais les hommes, dont la principale partie est l'esprit, devraient employer leurs principaux soins à la recherche de la sagesse, qui en est la vraie nourriture ; et je m'assure aussi qu'il y en a plusieurs qui n'y manqueraient pas, s'ils avaient espérance d'y réussir, et qu'ils sussent combien ils en sont capables. Il n'y a point d'âme tant soit peu noble qui demeure si fort attachée aux objets des sens qu'elle ne s'en détourne quel-

traire, répudié aujourd'hui par tous les savants ; personne n'accorderait que la méthode *à priori* telle qu'elle vient d'être définie, soit l'unique méthode de la science.

1. Voilà la grande nouveauté introduite par Descartes : c'est l'appel à la raison de chacun, au libre examen. Tout homme peut et doit juger de la vérité par lui-même, par ses propres lumières, au lieu de jurer sur les paroles d'un maître, quelle qu'en soit l'autorité.

quefois pour souhaiter quelque autre plus grand bien, nonobstant qu'elle ignore souvent en quoi il consiste. Ceux que la fortune favorise le plus, qui ont abondance de santé, d'honneurs, de richesses, ne sont pas plus exempts de ce désir que les autres; au contraire, je me persuade que ce sont eux qui soupirent avec le plus d'ardeur après un autre bien, plus souverain que tous ceux qu'ils possèdent. Or ce souverain bien, considéré par la raison naturelle sans la lumière de la foi, n'est autre chose que la connaissance de la vérité par ses premières causes, c'est-à-dire la sagesse, dont la philosophie est l'étude. Et, parce que toutes ces choses sont entièrement vraies, elles ne seraient pas difficiles à persuader si elles étaient bien déduites.

Mais d'autant qu'on est empêché de les croire, à cause de l'expérience qui montre que ceux qui font profession d'être philosophes sont souvent moins sages et moins raisonnables[1] que d'autres qui ne se sont jamais appliqués à cette étude, j'aurais ici sommairement expliqué en quoi consiste toute la science qu'on a maintenant, et quels sont les degrés de sagesse[2] auxquels on est parvenu. Le premier ne contient que des notions qui sont si claires d'elles-mêmes qu'on les peut acquérir sans méditation; le second comprend tout ce que l'expérience des sens fait connaître; le troisième, ce que la conversation des autres hommes nous enseigne; à quoi l'on peut ajouter, pour le quatrième, la lecture, non de tous les livres, mais particulièrement de

1. Descartes est toujours sévère pour la philosophie de son temps. C'est d'elle aussi qu'il dit, dans le *Discours de la méthode* (I, p. 26), qu'elle enseigne à parler *vraisemblablement* de toutes choses et à se faire admirer des *moins* savants. Dans sa confiance, certainement excessive, en sa propre doctrine, il tient pour non avenu tout ce qui a été écrit avant lui et n'a que du dédain pour ses devanciers.

2. On trouve chez Spinoza (*De la réforme de l'entendement*, trad. Saisset, t. III, p. 303) une théorie toute semblable sur les degrés de la connaissance. La doctrine de Descartes et de Spinoza est d'accord, en ce qu'elle a d'essentiel, avec la distinction que fait Platon entre l'opinion (δόξα) et la science (ἐπιστήμη). (Rép. VI.) Pour Platon, comme pour les deux philosophes modernes, c'est seulement le raisonnement (διάνοια) et la raison (νόησις) qui nous permettent d'atteindre la vérité. Descartes aurait pu s'en souvenir, et au moment où il répète ce que Platon avait dit avant lui, il se serait dispensé de porter le jugement fort injuste qu'on lira quelques lignes plus loin.

ceux qui ont été écrits par des personnes capables de nous
donner de bonnes instructions, car c'est une espèce de conversation que nous avons avec leurs auteurs. Et il me semble que toute la sagesse qu'on a coutume d'avoir n'est ac-
quise que par ces quatre moyens; car je ne mets point ici en
rang la révélation divine[1], parce qu'elle ne nous conduit
pas par degrés, mais nous élève tout d'un coup à une
croyance infaillible.

Or il y a eu de tout temps de grands hommes qui ont
tâché de trouver un cinquième degré pour parvenir à la
sagesse, incomparablement plus haut et plus assuré que les
quatre autres : c'est de chercher les premières causes et
les vrais principes dont on puisse déduire les raisons de
tout ce qu'on est capable de savoir; et ce sont particulièrement ceux qui ont travaillé à cela qu'on a nommés philosophes. Toutefois je ne sache point qu'il y en ait eu jusqu'à présent à qui ce dessein ait réussi. Les premiers et les
principaux dont nous ayons les écrits sont Platon et Aristote, entre lesquels il n'y a eu autre différence[2] sinon que

1. Descartes met toujours à part les vérités de la foi. Voir dans le
Discours de la méthode (1, p. 28) comment il parle de la théologie.

2. Entre Platon et Aristote, il y a certainement d'autres différences
que celle que Descartes indique ici, et la différence signalée par Descartes est tout au moins fort exagérée. — Il est bien vrai qu'Aristote est
le continuateur de Platon et qu'il est d'accord avec lui sur le fond des
choses : entre l'Idée platonicienne et la Forme aristotélicienne, la parenté
est évidente. Toutefois, en déclarant que la Forme ou l'Idée n'est jamais
séparée de la matière, tandis que Platon faisait des Idées des essences
distinctes ; en soutenant que les individus seuls existent, tandis que
Platon n'attribuait l'existence véritable qu'à l'Universel ; en prenant l'expérience et la sensation pour point de départ de la science, tandis que
Platon n'avait pour les données sensibles que du dédain, Aristote a pro-
fondément modifié la doctrine de son maître. — En revanche, la seule
différence que Descartes consente à voir entre les deux philosophes est
fort contestable. Il y a chez Platon des traces d'incertitude, notamment
dans le fameux passage du *Phédon*, où il fait dire à Socrate, à propos
du tableau qu'il vient de tracer de la vie future : « Affirmer que toutes
ces choses sont telles que je les ai dites, ne conviendrait pas à un homme
sensé, mais la chose vaut bien que l'on hasarde d'y croire. Car c'est une
noble chance à courir : c'est une espérance dont il faut comme s'en-
chanter soi-même. » Il faut bien reconnaître aussi que quelques-uns des
continuateurs de Platon, les philosophes de la nouvelle Académie, pour
justifier leur demi-scepticisme, ont exagéré comme à plaisir le scepticisme de leur maître. Mais il est certain que sur la plupart des autres

le premier, suivant les traces de son maître Socrate, a
ingénument confessé qu'il n'avait encore rien pu trouver de
certain, et s'est contenté d'écrire les choses qui lui ont
semblé être vraisemblables, imaginant à cet effet quelques
principes par lesquels il tâchait de rendre raison des autres
choses : au lieu qu'Aristote a eu moins de franchise ; et bien
qu'il eût été vingt ans son disciple, et qu'il n'eût point
d'autres principes que les siens, il a entièrement changé la
façon de les débiter, et les a proposés comme vrais et assurés quoiqu'il n'y ait aucune apparence qu'il les ait jamais
estimés tels[1]. Or ces deux hommes avaient beaucoup d'esprit et beaucoup de la sagesse qui s'acquiert par les quatre
moyens précédents, ce qui leur donnait beaucoup d'autorité ; en sorte que ceux qui vinrent après eux s'arrêtèrent
plus à suivre leurs opinions qu'à chercher quelque chose de
meilleur ; et la principale dispute[2] que leurs disciples eu-
rent entre eux, fut pour savoir si on devait mettre toutes
choses en doute, ou bien s'il y en avait quelques-unes qui
fussent certaines : ce qui les porta de part et d'autre à des
erreurs extravagantes ; car quelques-uns de ceux qui étaient
pour le doute l'étendaient même jusques aux actions de la
vie, en sorte qu'ils négligeaient d'user de prudence pour
se conduire[3] ; et ceux qui maintenaient la certitude, suppo-

questions, Platon est très dogmatique : il l'est quelquefois avec excès.
C'est à Platon qu'on attribue la découverte de la véritable méthode d'analyse géométrique, celle-là même que Descartes a appliquée à la philosophie. Nul doute que Platon n'ait traité les questions métaphysiques dans
le même esprit. Nous avons montré ci-dessus l'analogie de sa théorie de
la connaissance avec celle de Descartes.

1. Il n'y a aucune raison sérieuse de penser qu'Aristote n'ait pas cru
à la vérité des principes qu'il invoquait. Quand il parle des philosophes
anciens, Descartes se laisse entraîner à de véritables injustices.

2. Il est tout à fait exact qu'après Aristote, la principale question agitée
par les philosophes, en dehors de la morale, fut celle du critérium de
la vérité. Stoïciens, épicuriens, académiciens, pyrrhoniens se livraient
sur ce sujet à d'interminables disputes.

3. Descartes fait allusion (Cf. *Rép. aux IIes Obj.*, 3) à une légende qui
nous représente Pyrrhon comme doutant tellement du témoignage de
ses sens, qu'il ne prenait aucune précaution pour éviter les obstacles
qu'il rencontrait sur son chemin, et que ses amis étaient obligés de
l'accompagner afin de le soustraire au danger. Mais c'est là un conte
dont les anciens eux-mêmes ont fait justice. (Diog. Laert., IX, 62). — Il
n'est pas tout à fait exact de dire que les sceptiques étendaient leur doute

sant qu'elle devait dépendre des sens, se fiaient entièrement
à eux, jusque-là qu'on dit[1] qu'Épicure osait assurer, contre
tous les raisonnements des astronomes, que le soleil n'est
pas plus grand qu'il paraît.

C'est un défaut qu'on peut remarquer en la plupart des
disputes, que la vérité étant moyenne entre les deux
opinions qu'on soutient, chacun s'en éloigne d'autant plus
qu'il a plus d'affection à contredire. Mais l'erreur de ceux
qui penchaient trop du côté du doute ne fut pas longtemps
suivie, et celle des autres a été quelque peu corrigée, en ce
qu'on a reconnu que les sens nous trompent en beaucoup
de choses. Toutefois je ne sache point qu'on l'ait entièrement
ôtée en faisant voir que la certitude n'est pas dans le
sens, mais dans l'entendement seul lorsqu'il a des perceptions
évidentes[2]; et que pendant qu'on n'a que les connaissances
qui s'acquièrent par les quatre premiers degrés de
sagesse, on ne doit pas douter des choses qui semblent
vraies en ce qui regarde la conduite de la vie ; mais qu'on
ne doit pas aussi les estimer si certaines qu'on ne puisse changer
d'avis lorsqu'on y est obligé par l'évidence de quelque
raison.

Faute d'avoir connu cette vérité, ou bien, s'il y en a qui
l'ont connue, faute de s'en être servis, la plupart de ceux de
ces derniers siècles qui ont voulu être philosophes ont suivi

---

jusqu'aux actions de la vie : ils les réservaient, au contraire, et déclaraient
expressément que dans la vie pratique, ils se conduisaient comme
tout le monde et se conformaient aux usages, comme aux lois et coutumes
de leur pays (Sextus Empiricus, *Hypotyposes pyrrhon.*, I, 237).
Les sceptiques n'ont jamais révoqué en doute les apparences ou phénomènes,
mais seulement les réalités qu'on conçoit au delà des phénomènes.
Leur doute est purement spéculatif.

1. Voy. Diog. Laert., X, 91.

2. Descartes faisait profession de dédaigner l'histoire ; il n'est donc pas
surprenant qu'il se trompe souvent quand il parle des opinions des anciens
philosophes. Il commet ici une nouvelle erreur. D'abord, dès les
débuts de la philosophie, on avait reconnu que les sens nous trompent
souvent : Parménide, Héraclite, Empédocle le déclaraient expressément.
En outre, la théorie que Descartes oppose à celle des anciens est précisément
celle que Cicéron attribue à Platon. *Acad. postér.*, I, 31 : *Sensus
omnes hebetes et tardos esse arbitrabantur, nec percipere ullo modo res
eas quæ subjectæ sensibus viderentur.... Scientiam autem nusquam esse
censebant, nisi in animi notionibus atque rationibus.*

aveuglément Aristote; en sorte qu'ils ont souvent corrompu le sens de ses écrits, en lui attribuant diverses opinions qu'il ne reconnaîtrait pas être siennes s'il revenait en ce monde; et ceux qui ne l'ont pas suivi, du nombre desquels ont été plusieurs des meilleurs esprits, n'ont pas laissé d'avoir été imbus de ses opinions en leur jeunesse, parce que ce sont les seules qu'on enseigne dans les écoles, ce qui les a tellement préoccupés qu'ils n'ont pu parvenir à la connaissance des vrais principes. Et bien que je les estime tous, et que je ne veuille pas me rendre odieux en les reprenant, je puis donner une preuve de mon dire (que je ne crois pas qu'aucun d'eux désavoue), qui est qu'ils ont tous supposé pour principe quelque chose qu'ils n'ont point parfaitement connue. Par exemple, je n'en sache aucun qui n'ait supposé la pesanteur dans les corps terrestres [1]; mais encore que l'expérience nous montre bien clairement que les corps qu'on nomme pesants descendent vers le centre de la terre, nous ne connaissons point

1. On avait cru, jusqu'à Descartes, que les corps sont par nature pesants ou légers : la pesanteur et la légèreté étaient des qualités, des vertus propres aux corps. Descartes expliqua tout autrement la pesanteur. — La terre, emportée par le tourbillon dont elle fait partie, tourne sur elle-même et autour du soleil. Dans ce mouvement rotatoire, les parties qui sont à sa surface tendent à s'éloigner, « en même façon que la poussière qu'on jette sur une pirouette pendant qu'elle tourne n'y peut demeurer, mais est rejetée par elle vers l'air, de tous côtés » (*Princ. de la philos.*, IV, 21). Or, la terre est enveloppée d'une matière subtile, qui tourne autour d'elle dans le même sens, mais beaucoup plus vite ; c'est même cette matière qui emporte la terre, inerte par elle-même. Par suite, cette matière du ciel, comme il l'appelle, a plus de force pour s'éloigner du centre autour duquel elle tourne que n'en a aucune des parties de la terre. Comme elle pénètre à travers tous les pores et remplit tous les interstices (car, suivant Descartes, il n'y a de vide nulle part), plus un corps contiendra de cette matière subtile (tous en contiennent, mais à des degrés divers), plus il sera, pour ainsi dire, soulevé par elle et emporté loin de la terre par son mouvement. Mais dans le plein absolu, un corps ne peut monter sans qu'un autre descende à sa place : les corps qui contiennent le moins de matière du ciel devront donc descendre vers la terre. En résumé, il ne faut dire ni, comme on le faisait avant Descartes, que les corps sont pesants par eux-mêmes, ni, comme on le dit aujourd'hui, qu'ils sont attirés vers la terre : ils sont poussés vers elle par la pression d'une matière, légère par rapport à eux, parce qu'elle est animée d'un mouvement plus rapide. La pesanteur s'explique uniquement par des raisons mécaniques. Elle n'est pas une qualité positive : « elle dépend du mutuel rapport que plusieurs corps ont les uns aux autres. » (*Princ. de la philos.*, IV, 202.)

pour cela quelle est la nature de ce qu'on nomme pesanteur,
c'est-à-dire de la cause ou du principe qui les fait ainsi descendre, et nous le devons apprendre d'ailleurs. On peut dire
le même du vide et des atomes [1], comme aussi du chaud et
du froid [2], du sec et de l'humide, et du sel, du soufre et du
mercure [3], et de toutes les choses semblables que quelques-
uns ont supposées pour leurs principes. Or toutes les conclusions que l'on déduit d'un principe qui n'est point évident ne
peuvent pas être évidentes, quand bien même elles en seraient déduites évidemment; d'où il suit que tous les raisonnements qu'ils ont appuyés sur de tels principes n'ont pu
leur donner la connaissance certaine d'aucune chose, ni par
conséquent les faire avancer d'un pas en la recherche de la
sagesse. Et s'ils ont trouvé quelque chose de vrai, ce n'a été
que par quelques-uns des quatre moyens ci-dessus déduits.
Toutefois je ne veux rien diminuer de l'honneur que chacun

---

1. Descartes, dont la physique présente avec celle de Démocrite et
d'Épicure certaines analogies, puisque, en fin de compte, il explique le
monde par la combinaison toute mécanique d'éléments étendus et figurés,
se distingue pourtant de ces deux philosophes parce qu'il n'admet ni le
vide, ni les atomes : la matière étant étendue est divisible, sinon divisée,
à l'infini, ou plutôt Descartes, qui ne veut pas s'embarrasser dans les
discussions sur l'infini (*Princ. de la philos.*, II, 34), déclare la matière
indéfiniment divisible. Il diffère encore de Démocrite en ce qu'il refuse
d'attribuer aux derniers éléments des corps, la pesanteur (V. *Princ. de
la philos.*, IV, 202). — On s'est demandé (Alb. Lange, *Hist. du matéria-
lisme*, t. Ier, p. 224, trad. Pommerol, Paris, Reinwald, 1877) si « la
théorie métaphysique qui remplit absolument l'espace n'est pas, dans la
pensée de Descartes, un simple expédient pour ne pas trop s'écarter de
l'opinion orthodoxe, et pour jouir de tous les avantages que présente
l'atomisme à quiconque veut exposer d'une façon plausible les phénomènes de la nature ». On fera, croyons-nous, à cette question, une
réponse négative, si l'on se reporte aux raisons que Descartes invoque
(*Princ. de la philos.*, II, 16-18) pour prouver la non-existence du vide :
la théorie du plein absolu est la conséquence nécessaire de l'idée qu'il
se fait de la matière et de l'origine qu'il attribue à cette idée ; elle est
étroitement liée à toute sa métaphysique.

2. La chaleur, au lieu d'être, comme on le croyait, une chose réelle,
une entité, n'est, suivant Descartes, qu'une certaine « agitation des petites
parties des corps terrestres », capable de mouvoir assez fort les nerfs de
nos mains pour être sentie (*Princ. de la philos.*, IV, 29). — C'est à une
explication toute pareille que s'est arrêtée la physique moderne.

3. Descartes explique aussi mécaniquement toutes les propriétés des
corps *Princ. de la philos.*, IV, 48, 58, 76).

d'eux peut prétendre ; je suis seulement obligé de dire, pour la consolation de ceux qui n'ont point étudié, que tout de même qu'en voyageant, pendant qu'on tourne le dos au lieu où l'on veut aller, on s'en éloigne d'autant plus qu'on marche plus longtemps et plus vite, en sorte que, bien qu'on soit mis par après dans le droit chemin, on ne peut pas y arriver sitôt que si on n'avait point marché auparavant ; ainsi, lorsqu'on a de mauvais principes, d'autant qu'on les cultive davantage et qu'on s'applique avec plus de soin à en tirer diverses conséquences, pensant que ce soit bien philosopher, d'autant s'éloigne-t-on davantage de la connaissance de la vérité et de la sagesse : d'où il faut conclure que ceux qui ont le moins appris de tout ce qui a été nommé jusqu'ici philosophie sont les plus capables d'apprendre la vraie[1].

Après avoir bien fait entendre ces choses, j'aurais voulu mettre ici les raisons qui servent à prouver que les vrais principes par lesquels on peut parvenir à ce plus haut degré de sagesse, auquel consiste le souverain bien de la vie humaine, sont ceux que j'ai mis en ce livre : et deux seules sont suffisantes à cela, dont la première est qu'ils sont très clairs ; et la seconde, qu'on en peut déduire toutes les autres choses; car il n'y a que ces deux conditions qui soient requises en eux. Or je prouve aisément qu'ils sont très clairs : premièrement, par la façon dont je les ai trouvés, à savoir en rejetant toutes les choses auxquelles je pouvais rencontrer la moindre occasion de douter ; car il est certain que celles qui n'ont pu en cette façon être rejetées, lorsqu'on s'est appliqué à les considérer, sont les plus évidentes et les plus claires que l'esprit humain puisse connaître. Ainsi, en considérant que celui qui veut douter de tout ne peut toutefois douter qu'il ne soit pendant qu'il doute, et que ce qui raisonne ainsi, en ne pouvant douter de soi-même et doutant néanmoins de tout le reste, n'est pas ce que nous disons

1. Il est impossible de pousser plus loin le mépris du passé. Leibnitz forme, sur ce point, un contraste parfait avec Descartes. Peut-être a-t-il été parfois trop conciliant à l'égard des systèmes philosophiques; mais, à tout prendre, il est plus juste que Descartes quand il parle de cette philosophie éternelle (*perennis quædam philosophia*) qui manifeste quelque chose de soi dans tous les systèmes (Édit. Erdmann, 702, *a*), et quand il déclare que de l'or est caché sous le fumier de la barbarie du moyen âge (*ibid.*, 701, *a*, *b*).

être notre corps, mais ce que nous appelons notre âme ou notre pensée, j'ai pris l'être ou l'existence de cette pensée pour le premier principe, duquel j'ai déduit très clairement les suivants, à savoir qu'il y a un Dieu qui est auteur de tout ce qui est au monde, et qui, étant la source de toute vérité, n'a point créé notre entendement de telle nature qu'il se puisse tromper au jugement qu'il fait des choses dont il a une perception fort claire et fort distincte. Ce sont là tous les principes dont je me sers touchant les choses immatérielles ou métaphysiques, desquels je déduis très clairement ceux des choses corporelles ou physiques, à savoir qu'il y a [1] des corps étendus en longueur, largeur et profondeur, qui ont diverses figures et se meuvent en diverses façons. Voilà, en peu de mots, tous les principes dont je déduis la vérité des autres choses. L'autre raison qui prouve la clarté de ces principes est qu'ils ont été connus de tout temps, et même reçus pour vrais et indubitables par tous les hommes, excepté seulement l'existence de Dieu, qui a été mise en doute par quelques-uns à cause qu'ils ont trop attribué aux perceptions des sens, et que Dieu ne peut être vu ni touché.

Mais encore que toutes les vérités que je mets entre mes principes aient été connues de tout temps de tout le monde, il n'y a toutefois eu personne jusqu'à présent, que je sache, qui les ait reconnues pour les principes de la philosophie, c'est-à-dire pour telles qu'on en peut déduire la connaissance de toutes les autres choses qui sont au monde : c'est pourquoi il me reste ici à prouver qu'elles sont telles ; et il me semble ne le pouvoir mieux prouver qu'en le faisant voir par expérience, c'est-à-dire en conviant les lecteurs à lire ce livre. Car encore que je n'aie pas traité de toutes choses, et que cela soit impossible, je pense avoir tellement expliqué toutes celles dont j'ai eu occasion de traiter, que ceux qui les liront avec attention auront sujet de se persuader qu'il n'est pas besoin de chercher d'autres principes que ceux que j'ai établis pour parvenir à toutes les plus hautes connaissances dont l'esprit humain soit capable ; principalement si, après

1. Il n'est pas évident, et tout le monde n'accorderait pas à Descartes que l'existence des corps doive être déduite de principes métaphysiques, et ne mérite créance que si elle est garantie par la véracité divine. C'est même ordinairement la marche inverse que l'on suit.

avoir lu mes écrits, ils prennent la peine de considérer combien de diverses questions y sont expliquées[1], et que, parcourant aussi ceux des autres, ils voient combien peu de raisons vraisemblables on a pu donner pour expliquer les mêmes questions par des principes différents des miens. Et, afin qu'ils entreprennent cela plus aisément, j'aurais pu leur dire que ceux qui sont imbus de mes opinions ont beaucoup moins de peine à entendre les écrits des autres et à en connaître la juste valeur que ceux qui n'en sont point imbus : tout au contraire de ce que j'ai tantôt dit de ceux qui ont commencé par l'ancienne philosophie, que d'autant plus qu'ils ont étudié, d'autant ont-ils coutume d'être moins propres à bien apprendre la vraie. α

J'aurais aussi ajouté un mot d'avis touchant la façon de lire ce livre, qui est que je voudrais qu'on le parcourût d'abord tout entier ainsi qu'un roman, sans forcer beaucoup son attention ni s'arrêter aux difficultés qu'on y peut rencontrer, afin seulement de savoir en gros quelles sont les matières dont j'ai traité ; et qu'après cela, si on trouve qu'elles méritent d'être examinées et qu'on ait la curiosité d'en connaître les causes, on le peut lire une seconde fois pour remarquer la suite de mes raisons ; mais qu'il ne se faut pas derechef rebuter si on ne la peut assez connaître partout, ou qu'on ne les entende pas toutes ; il faut seulement marquer d'un trait de plume les lieux où l'on trouvera de la difficulté et continuer de lire sans interruption jusqu'à la fin ; puis, si on reprend le livre pour la troisième fois, j'ose croire qu'on y trouvera la solution de la plupart des difficultés qu'on aura marquées auparavant, et que s'il en reste encore quelques-unes, on en trouvera enfin la solution en relisant.

J'ai pris garde, en examinant le naturel de plusieurs esprits, qu'il n'y en a presque point de si grossiers ni de si tardifs qu'ils ne fussent capables d'entrer dans les bons sentiments et même d'acquérir toutes les plus hautes sciences,

---

1. Descartes, ainsi qu'il l'indique plus loin, traite dans les *Principes de la philosophie* non seulement les grandes questions de la métaphysique, mais encore toutes celles qui sont relatives à la formation du monde, des planètes et de la terre, de l'eau, de l'air, de la lumière et de l'aimant, c'est-à-dire toute la physique.

s'ils étaient conduits comme il faut[1]. Et cela peut aussi être
prouvé par raison : car, puisque les principes sont clairs et
qu'on n'en doit rien déduire que par des raisonnements très
évidents, on a toujours assez d'esprit pour entendre les choses
qui en dépendent. Mais, outre l'empêchement des préjugés,
dont aucun n'est entièrement exempt, bien que ce sont ceux
qui ont le plus étudié les mauvaises sciences auxquels ils
nuisent le plus, il arrive presque toujours que ceux qui ont
l'esprit modéré négligent d'étudier, parce qu'ils n'en pensent
pas être capables, et que les autres qui sont plus ardents se
hâtent trop, d'où vient qu'ils reçoivent souvent des principes qui ne sont pas évidents, et qu'ils en tirent des conséquences incertaines. C'est pourquoi je voudrais assurer ceux
qui se défient trop de leurs forces qu'il n'y a aucune chose
en mes écrits qu'ils ne puissent entièrement entendre s'ils
prennent la peine de les examiner[2]; et néanmoins aussi avertir les autres que même les plus excellents esprits auront
besoin de beaucoup de temps et d'attention pour remarquer
toutes les choses que j'ai eu dessein d'y comprendre.

Ensuite de quoi, pour faire bien concevoir quel dessein j'ai
eu en les publiant, je voudrais ici expliquer l'ordre qu'il
me semble qu'on doit tenir pour s'instruire. Premièrement,
un homme qui n'a encore que la connaissance vulgaire
et imparfaite que l'on peut acquérir par les quatre moyens
ci-dessus expliqués doit, avant toutes choses, tâcher de se former une morale qui puisse suffire pour régler les actions
de sa vie, à cause que cela ne souffre point de délai, et que
nous devons surtout tâcher de bien vivre[3]. Après cela, il doit

1. Cf. *Discours de la méthode*, I, p. 22. « La diversité de nos opinions
ne vient pas de ce que les uns sont plus raisonnables que les autres,
mais seulement de ce que nous conduisons nos pensées par diverses
voies et ne considérons pas les mêmes choses. »

2. Descartes revient à plusieurs reprises sur cette idée que sa philosophie est à la portée de tous les esprits. C'est pour ce motif qu'il avait,
contrairement à l'usage, publié le *Discours de la méthode* en français.
« J'espère, dit-il, que ceux qui ne se servent que de leur raison naturelle toute pure, jugeront mieux de mes opinions que ceux qui ne
croient qu'aux livres anciens. » (VI, p. 81.)

3. « L'ordre qu'on doit tenir pour s'instruire », que Descartes re-
commande ici, est précisément celui qu'il avait suivi lui-même. Dans la
troisième partie du *Discours de la méthode*, il indique les règles de la

aussi étudier la logique, non pas celle de l'école, car elle n'est, à proprement parler, qu'une dialectique qui enseigne les moyens de faire entendre à autrui les choses qu'on sait[1], ou même aussi de dire sans jugement plusieurs paroles touchant celles qu'on ne sait pas, et ainsi elle corrompt le bon sens plutôt qu'elle ne l'augmente ; mais celle qui apprend à bien conduire sa raison pour découvrir les vérités qu'on ignore ; et, parce qu'elle dépend beaucoup de l'usage, il est bon qu'il s'exerce longtemps à en pratiquer les règles touchant des questions faciles et simples, comme sont celles des mathématiques[2]. Puis, lorsqu'il s'est acquis quelque habitude à trouver la vérité en ces questions, il doit commencer tout de bon à s'appliquer à la vraie philosophie, dont la première partie est la métaphysique, qui contient les principes de la connaissance, entre lesquels est l'explication des principaux attributs de Dieu, de l'immatérialité de nos âmes, et de toutes les notions claires et simples qui sont en nous.

morale provisoire qu'il s'était prescrites ; dans la deuxième partie, il résume les lois principales de sa méthode ; il les a exposées plus amplement dans les *Regulæ ad directionem ingenii*.

1. « La logique, dit Descartes dans le *Discours de la méthode* (II, p. 35), sert plutôt à expliquer à autrui les choses qu'on sait, ou même comme l'art de Lulle, à parler sans jugement de celles qu'on ignore, qu'à les apprendre. » — « La philosophie, dit-il ailleurs (I, p. 26) en parlant de celle qu'on enseignait dans les écoles, donne moyen de parler vraisemblablement de toutes choses et se faire admirer des moins savants. » — Il veut bien reconnaître cependant (*Méth.*, II, p. 36) que la logique contient « beaucoup de préceptes très vrais et très bons ». C'est contre le syllogisme que sont dirigées les critiques de Descartes. On peut trouver qu'elles sont excessives. Leibnitz semble mieux inspiré quand il dit, sans méconnaître d'ailleurs l'abus qu'on peut faire de cette sorte de raisonnement : « Je tiens que l'invention de la forme des syllogismes est une des plus belles de l'esprit humain, et même des plus considérables.... Un art d'infaillibilité y est contenu, pourvu qu'on sache et qu'on puisse s'en bien servir, ce qui n'est pas toujours permis. » (*Nouv. essais sur l'entend. hum.*, IV, p. 514, édit. P. Janet.)

2. Descartes avait commencé par appliquer pour lui-même le précepte qu'il donne ici ; il avait fait l'essai de sa méthode en mathématiques avant de l'étendre à la métaphysique. Il est vrai qu'il ne s'agissait pas pour lui d'un simple exercice, mais d'invention et de découverte : il avait renouvelé la géométrie en l'alliant à l'algèbre, ou plutôt éclairé l'algèbre aux clartés de l'intuition géométrique. — Voir sur l'application de la méthode de Descartes aux mathématiques, la belle étude de M. Liard : *Descartes*, II, 1. — (Paris, G. Baillière, 1882.)

La seconde est la physique, en laquelle, après avoir trouvé les vrais principes des choses matérielles, on examine en général comment tout l'univers est composé; puis en particulier quelle est la nature de cette terre et de tous les corps qui se trouvent le plus communément autour d'elle, comme de l'air, de l'eau, du feu, de l'aimant et des autres minéraux. Ensuite de quoi il est besoin aussi d'examiner en particulier la nature des plantes, celle des animaux, et surtout celle de l'homme, afin qu'on soit capable par après de trouver les autres sciences qui lui sont utiles. Ainsi toute la philosophie est comme un arbre, dont les racines sont la métaphysique, le tronc est la physique, et les branches qui sortent de ce tronc sont toutes les autres sciences, qui se réduisent à trois principales, à savoir la médecine, la mécanique et la morale; j'entends la plus haute et la plus parfaite morale, qui, présupposant une entière connaissance des autres sciences, est le dernier degré de la sagesse.

Or, comme ce n'est pas des racines ni du tronc des arbres qu'on cueille des fruits, mais seulement des extrémités de leurs branches, ainsi la principale utilité de la philosophie dépend de celles de ses parties qu'on ne peut apprendre que les dernières. Mais, bien que je les ignore presque toutes, le zèle que j'ai toujours eu pour tâcher de rendre service au public[1] est cause que je fis imprimer, il y a dix ou douze ans, quelques essais des choses qu'il me semblait avoir apprises. La première partie de ces essais fut un discours touchant la Méthode pour bien conduire sa raison et chercher la vérité dans les sciences, où je mis sommairement les principales règles de la logique et d'une morale imparfaite, qu'on peut suivre par provision pendant qu'on n'en sait point encore de meilleure. Les autres parties furent trois traités : l'un de la Dioptrique, l'autre des Météores, et le dernier de la Géométrie[2]. Par la dioptrique, j'eus dessein de faire voir qu'on pouvait aller assez avant en la philosophie pour arriver

---

1. Cf. *Discours de la méthode*, VI, p. 75 : « Chaque homme est obligé de procurer, autant qu'il est en lui, le bien des autres, et c'est proprement ne valoir rien que de n'être utile à personne. »

2. Le *Discours de la méthode* a été publié pour la première fois à Leyde, en 1637, avec la *Dioptrique*, les *Météores* et la *Géométrie* « qui sont des essais de cette méthode ».

par son moyen jusques à la connaissance des arts qui sont
utiles à la vie, à cause que l'invention des lunettes d'appro-
che, que j'y expliquais, est l'une des plus difficiles qui aient
jamais été cherchées. Par les météores, je désirai qu'on re-
connût la différence qui est entre la philosophie que je cultive
et celle qu'on enseigne dans les écoles où l'on a coutume de
traiter de la même matière. Enfin, par la géométrie, je pré-
tendais démontrer que j'avais trouvé plusieurs choses qui
ont été ci-devant ignorées, et ainsi donner occasion de croire
qu'on en peut découvrir encore plusieurs autres, afin d'in-
citer par ce moyen tous les hommes à la recherche de la vérité. Depuis ce temps-là, prévoyant la difficulté que plusieurs
auraient à concevoir les fondements de la métaphysique, j'ai
tâché d'en expliquer les principaux points dans un livre de
Méditations qui n'est pas bien grand, mais dont le volume a
été grossi et la matière beaucoup éclaircie par les objections
que plusieurs personnes très doctes m'ont envoyées à leur
sujet, et par les réponses que je leur ai faites[1]. Puis enfin,
lorsqu'il m'a semblé que ces traités précédents avaient assez
préparé l'esprit des lecteurs à recevoir les *Principes de la
philosophie*, je les ai aussi publiés ; et j'en ai divisé le livre en
quatre parties, dont la première contient les principes de la
connaissance, qui est ce qu'on peut nommer la première
philosophie ou bien la métaphysique[2] : c'est pourquoi, afin
de la bien entendre, il est à propos de lire auparavant les
Méditations que j'ai écrites sur le même sujet. Les trois
autres parties contiennent tout ce qu'il y a de plus général
en la physique, à savoir l'explication des premières lois ou
des principes de la nature, et la façon dont les cieux, les
étoiles fixes, les planètes, les comètes, et généralement tout
l'univers est composé ; puis en particulier la nature de cette
terre, et de l'air, de l'eau, du feu, de l'aimant, qui sont les
corps qu'on peut trouver le plus communément partout autour d'elle, et de toutes les qualités qu'on remarque en ces

1. Les *Méditations* furent publiées pour la première fois, en latin, à
Paris (1647). La même année parut la traduction du duc de Luynes, avec
les objections et les réponses.

2. Définition de la métaphysique en désaccord avec ce qu'on entend
ordinairement par ce mot : il signifie la science de l'être considéré en
lui-même plutôt que la théorie des principes de la connaissance.

corps, comme sont la lumière, la chaleur, la pesanteur, et semblables : au moyen de quoi je pense avoir commencé à expliquer toute la philosophie par ordre, sans avoir omis aucune des choses qui doivent précéder les dernières dont j'ai écrit.

Mais, afin de conduire ce dessein jusqu'à sa fin, je devrais ci-après expliquer en même façon la nature de chacun des autres corps plus particuliers qui sont sur la terre, à savoir des minéraux, des plantes, des animaux, et principalement de l'homme ; puis enfin traiter exactement de la médecine, de la morale, et des mécaniques. C'est ce qu'il faudrait que je fisse pour donner aux hommes un corps de philosophie tout entier ; et je ne me sens point encore si vieil, je ne me défie point tant de mes forces, je ne me trouve pas si éloigné de la connaissance de ce qui reste, que je n'osasse entreprendre d'achever ce dessein si j'avais la commodité de faire toutes les expériences dont j'aurais besoin pour appuyer et justifier mes raisonnements[1]. Mais voyant qu'il faudrait pour cela de grandes dépenses auxquelles un particulier comme moi ne saurait suffire s'il n'était aidé par le public, et ne voyant pas que je doive attendre cette aide, je crois devoir dorénavant me contenter d'étudier pour mon instruction particulière, et que la postérité m'excusera si je manque à travailler désormais pour elle.

Cependant, afin qu'on puisse voir en quoi je pense lui avoir déjà servi, je dirai ici quels sont les fruits que je me persuade qu'on peut tirer de mes principes. Le premier est la satisfaction qu'on aura d'y trouver plusieurs vérités qui ont été ci-devant ignorées ; car, bien que souvent la vérité ne touche pas tant notre imagination que font les faussetés et les feintes, à cause qu'elle paraît moins admirable et plus simple, toutefois le contentement qu'elle donne est toujours plus durable et plus solide. Le second fruit est qu'en étudiant ces principes on s'accoutumera peu à peu à mieux juger de toutes les choses qui se rencontrent, et ainsi à être plus

---

1. Descartes, bien qu'il applique la méthode *à priori*, reconnaît cependant la nécessité de recourir souvent à l'expérience, ou, comme il dit, de venir au-devant des causes par les effets. (V. *Disc. de la méth.*, VI, p. 174.) — Sur le rôle de l'expérience dans la physique cartésienne, voy. Liard, *Descartes*, II, 4.

sage : en quoi ils auront un effet tout contraire à celui de
la philosophie commune ; car on peut aisément remarquer
en ceux qu'on appelle pédants qu'elle les rend moins capables de raison qu'ils ne seraient s'ils ne l'avaient jamais
apprise. Le troisième est que les vérités qu'ils contiennent,
étant très claires et très certaines, ôteront tous sujets de dispute, et ainsi disposeront les esprits à la douceur et à la con-
corde[1] : tout au contraire des controverses de l'école, qui,
rendant insensiblement ceux qui les apprennent plus poin-
tilleux et plus opiniâtres[2], sont peut-être la première cause
des hérésies et des dissensions qui travaillent maintenant le
monde. Le dernier et le principal fruit de ces principes est
qu'on pourra, en les cultivant, découvrir plusieurs vérités
que je n'ai point expliquées ; et ainsi, passant peu à peu des
unes aux autres, acquérir avec le temps une parfaite connaissance de toute la philosophie et monter au plus haut
degré de la sagesse. Car comme on voit en tous les arts que,
bien qu'ils soient au commencement rudes et imparfaits,
toutefois, à cause qu'ils contiennent quelque chose de vrai
et dont l'expérience montre l'effet, ils se perfectionnent peu
à peu par l'usage : ainsi, lorsqu'on a de vrais principes en
philosophie, on ne peut manquer en les suivant de rencontrer parfois d'autres vérités ; et on ne saurait mieux prouver
la fausseté de ceux d'Aristote, qu'en disant qu'on n'a su faire
aucun progrès par leur moyen depuis plusieurs siècles qu'on
les a suivis.

Je sais bien qu'il y a des esprits qui se hâtent tant et qui
usent de si peu de circonspection en ce qu'ils font, que,

1. Descartes se fait illusion. Il s'était imaginé que les principes de sa
philosophie s'imposeraient, par leur évidence, à tous les esprits. Mais déjà
les nombreuses objections que les *Méditations* avaient provoquées auraient pu le détromper. Même en Hollande, à l'Université d'Utrecht notamment, la philosophie nouvelle donna lieu à d'ardents débats.

2. Les défauts que Descartes reproche à ses adversaire n'appartiennent
pas en propre aux disputeurs de l'école ; sans manquer de respect à la
mémoire du grand philosophe, on peut bien dire que lui-même a montré,
dans ses *Réponses aux objections*, une hauteur et une aigreur qui rappel-
lent trop les disputes de la scolastique : par exemple, quand il dit à
Hobbes que « ses objections ne partent pas de l'esprit d'un subtil philosophe, mais de celui d'un homme attaché aux sens et à la chair » (*Rép.
aur IIIes object.*) ; ou à Gassendi : « Il ne semble pas, ô chair, que vous
sachiez ce que c'est qu'user de raison. » (*Rép. aux V^es object.*)

même ayant des fondements bien solides, ils ne sauraient rien bâtir d'assuré; et, parce que ce sont d'ordinaire ceux-là qui sont les plus prompts à faire des livres, ils pourraient en peu de temps gâter tout ce que j'ai fait, et introduire l'incertitude et le doute en ma façon de philosopher, d'où j'ai soigneusement tâché de les bannir, si on recevait leurs écrits comme miens ou comme remplis de mes opinions. J'en ai vu depuis peu l'expérience en l'un de ceux qu'on a le plus crus me vouloir suivre[1], et même duquel j'avais écrit en quelque endroit que je m'assurais tant sur son esprit, que je ne croyais pas qu'il eût aucune opinion que je ne voulusse bien avouer pour mienne : car il publia l'année passée un livre, intitulé *Fundamenta physicæ*, où, encore qu'il semble n'avoir rien mis touchant la physique et la médecine qu'il n'ait tiré de mes écrits, tant de ceux que j'ai publiés que d'un autre encore imparfait touchant la nature des animaux, qui lui est tombé entre les mains[2]; toutefois, à cause qu'il a mal transcrit et changé l'ordre, et nié quelques vérités de métaphysique[3], sur qui toute la physique doit être appuyée, je suis obligé de le désavouer entièrement, et de prier ici les lecteurs qu'ils ne m'attribuent jamais aucune opinion s'ils ne la trouvent expressément en mes écrits, et qu'ils n'en reçoivent aucune pour vraie, ni dans mes écrits

1. Il s'agit ici de Henry le Roy ou Régius, l'un des premiers professeurs qui aient enseigné publiquement la philosophie nouvelle. Dans l'ardeur de son zèle, il commit, malgré les conseils de Descartes, plusieurs imprudences qui donnèrent prise à l'implacable adversaire de Descartes, Voëtius. Plus tard, il s'écarta de la doctrine du maître. Il soumit pourtant encore ses *Fundamenta physicæ* à Descartes qui avait déjà corrigé plusieurs de ses écrits : Descartes blâma, non sans quelque dureté, diverses propositions. Régius passa outre. C'est pourquoi Descartes se vit obligé de le désavouer publiquement dans cette préface des *Principes*. A partir de ce moment, la rupture fut complète. Régius publia une *Explication de l'esprit humain* qu'il fit afficher sur les murs d'Utrecht, et que Descartes crut devoir réfuter. — V. Bouillier, *Hist. de la philos. cartésienne*, chap. XII.

2. Régius s'était procuré par surprise la copie d'un traité sur les animaux qui n'était pas publié : on trouve dans ses écrits des pages entières conformes au traité de Descartes sur *l'Homme et la formation du fœtus.*

3. Il soutenait entre autres choses que l'esprit peut être un mode de la substance corporelle, et qu'on ne peut démontrer l'existence de Dieu que par l'observation du monde extérieur ou par la révélation.

ni ailleurs, s'ils ne la voient très clairement être déduite des vrais principes.

Je sais bien aussi qu'il pourra se passer plusieurs siècles avant qu'on ait ainsi déduit de ces principes toutes les vérités qu'on en peut déduire, tant parce que la plupart de celles qui restent à trouver dépendent de quelques expériences particulières qui ne se rencontreront jamais par hasard, mais qui doivent être cherchées avec soin et dépense par des hommes fort intelligents, que parce qu'il arrivera difficilement que les mêmes qui auront l'adresse de s'en bien servir aient le pouvoir de les faire, et parce que aussi la plupart des meilleurs esprits ont conçu une si mauvaise opinion de toute la philosophie, à cause des défauts qu'ils ont remarqués en celle qui a été jusques à présent en usage, qu'ils ne pourront jamais se résoudre à s'appliquer à en chercher une meilleure.

Mais enfin, si la différence qu'ils verront entre ces principes et tous ceux des autres, et la grande suite des vérités qu'on en peut déduire, leur fait connaître combien il est important de continuer en la recherche de ces vérités, et jusques à quel degré de sagesse, à quelle perfection de vie et à quelle félicité elles peuvent conduire, j'ose croire qu'il n'y en aura pas un qui ne tâche de s'employer à une étude si profitable, ou du moins qui ne favorise et ne veuille aider de tout son pouvoir ceux qui s'y emploieront avec fruit. Je souhaite que nos neveux en voient le succès, etc.

PREMIÈRE PARTIE

DES PRINCIPES DE LA CONNAISSANCE HUMAINE

———

1. Que pour examiner la vérité il est besoin, une fois en sa vie de mettre toutes choses en doute autant qu'il se peut.

Comme nous avons été enfants avant que d'être hommes, et que nous avons jugé tantôt bien et tantôt mal des choses qui se sont présentées à nos sens lorsque nous n'avions pas encore l'usage entier de notre raison, plusieurs jugements ainsi précipités nous empêchent de parvenir à la connaissance de la vérité, et nous préviennent de telle sorte qu'il n'y a point d'apparence que nous puissions nous en délivrer, si nous n'entreprenons de douter une fois en notre vie de toutes les choses où nous trouverons le moindre soupçon d'incertitude[1].

2. Qu'il est utile aussi de considérer comme fausses toutes les choses dont on peut douter.

Il sera même fort utile que nous rejetions comme fausses toutes celles où nous pourrons imaginer le moindre doute, afin que si nous en découvrons quelques-unes qui, nonobstant cette précaution, nous semblent manifestement être vraies, nous fassions état qu'elles sont aussi très certaines et les plus aisées qu'il est possible de connaître.

3. Que nous ne devons point user de ce doute pour la conduite de nos actions.

Cependant il est à remarquer que je n'entends point que

———

1. Voir le développement des mêmes idées dans le *Discours de la méthode* (IV, p. 48 de notre édition. Paris, G. Baillière) et dans la première *Méditation*, p. 85.

nous nous servions d'une façon de douter si générale, sinon lorsque nous commençons à nous appliquer à la contemplation de la vérité[1]. Car il est certain qu'en ce qui regarde la conduite de notre vie nous sommes obligés de suivre bien souvent des opinions qui ne sont que vraisemblables, à cause que les occasions d'agir en nos affaires se passeraient presque toujours avant que nous pussions nous délivrer de tous nos doutes; et lorsqu'il s'en rencontre plusieurs de telles sur un même sujet, encore que nous n'apercevions peut-être pas davantage de vraisemblance aux unes qu'aux autres, si l'action ne souffre aucun délai, la raison veut que nous en choisissions une, et qu'après l'avoir choisie nous la suivions constamment, de même que si nous l'avions jugée très certaine[2].

4. Pourquoi on peut douter de la vérité des choses sensibles.

Mais, d'autant que nous n'avons point maintenant d'autre dessein que de vaquer à la recherche de la vérité, nous douterons en premier lieu si de toutes les choses qui sont tombées sous nos sens, ou que nous avons jamais imaginées, il y en a quelques-unes qui soient véritablement dans le monde, tant à cause que nous savons par expérience que nos sens nous ont trompés en plusieurs rencontres, et qu'il y aurait de l'imprudence de nous trop fier à ceux qui nous ont trompés, quand même ce n'aurait été qu'une fois, comme

1. A toutes les différences qu'on peut signaler entre le doute méthodique de Descartes et le doute des sceptiques, il faut ajouter celle-ci. Descartes croit, à tort d'ailleurs (voir ci-dessus, *Lettre au trad.*, p. 35), que le doute des sceptiques s'étendait jusqu'aux actions de la vie : le sien, outre qu'il est provisoire, est purement spéculatif. La règle de conduite à laquelle il s'arrête est celle des nouveaux académiciens (Arcésilas et Carnéade), qui se contentaient, dans la conduite de la vie, de la vraisemblance. Cette règle, bien entendu, est toute provisoire : on trouvera des préceptes d'une certitude absolue, quand la science sera assez avancée pour qu'on puisse déduire la morale des vrais principes.
2. Voir dans le *Disc. de la méth.* (III, p. 42) le développement de la même pensée, et la comparaison de l'homme qui a pris une résolution, d'après des vraisemblances, à un voyageur égaré dans une forêt: il n'a rien de mieux à faire que de marcher toujours droit devant lui, ne se fût-il décidé que par hasard, plutôt que de revenir sur ses pas, et d'errer en tournoyant.

aussi à cause que nous songeons presque toujours en dormant, et que nous imaginons clairement une infinité de choses qui ne sont point ailleurs, et que lorsqu'on est ainsi résolu à douter de tout, il ne reste plus de marque par où l'on puisse savoir si les pensées qui viennent en songe sont plutôt fausses que les autres [1].

5. Pourquoi on peut aussi douter des démonstrations de mathématique.

Nous douterons aussi de toutes les autres choses qui nous ont semblé autrefois très certaines, même des démonstrations de mathématique et de ses principes, encore que d'eux-mêmes ils soient assez manifestes, à cause qu'il y a des hommes qui se sont mépris en raisonnant sur de telles matières ; mais principalement parce que nous avons ouï dire que Dieu, qui nous a créés, peut faire tout ce qui lui plaît, et que nous ne savons pas encore si peut-être il n'a point voulu nous faire tels que nous soyons toujours trompés, même dans les choses que nous pensons le mieux connaître [2]: car, puisqu'il a bien permis que nous nous soyons trompés quelquefois, ainsi qu'il a été déjà remarqué, pourquoi ne pourrait-il pas permettre que nous nous trompions toujours [3]?

1. Les mêmes idées sont développées dans le *Discours de la méthode* (IV, p. 48) et dans la première *Méditation*. La solution que Descartes donne plus tard à ces objections sceptiques (*Méth.* IV, p. 54, et VI° *Médit.*), après qu'il a prouvé l'existence de Dieu, est que toutes nos idées sont vraies, même en songe, pourvu qu'elles soient claires et distinctes. Quant à la distinction du rêve et de la veille, elle est fondée sur ce fait que « notre mémoire ne peut jamais lier et joindre nos songes les uns avec les autres et avec toute la suite de notre vie, ainsi qu'elle a de coutume de joindre les choses qui nous arrivent étant éveillés. » (VI° *Médit.*) — C'est dans le même sens que Leibnitz a dit : Nos perceptions ne sont que des rêves bien liés (Erdm, 695, B).

2. C'est la même pensée qu'exprime Bacon lorsqu'il compare notre esprit à un « miroir courbe dont la surface, fléchissant les objets qui viennent la frapper, change les images de ces derniers en raison de cette courbure. » (*Nov. Organ.*, Préf.)

3. A cette question qui met en doute la légitimité de notre faculté de connaître, Descartes répondra plus tard que Dieu étant parfait, ne peut vouloir nous tromper. Mais comment sait-il que Dieu existe, sinon par cette même raison qu'il vient de déclarer suspecte? Ne peut-il se faire que nous nous trompions même en croyant que Dieu existe? Descartes résout cette difficulté en déclarant qu'au moment où nous disons : Je

Et si nous voulons feindre qu'un Dieu tout-puissant n'est point l'auteur de notre être, et que nous subsistons par nous-mêmes ou par quelque autre moyen, de ce que nous supposerons cet auteur moins puissant, nous aurons toujours d'autant plus de sujet de croire que nous ne sommes pas si parfaits que nous ne puissions être continuellement abusés.

6. Que nous avons un libre arbitre qui fait que nous pouvons nous abstenir de croire les choses douteuses, et ainsi nous empêcher d'être trompés.

Mais quand celui qui nous a créés serait tout-puissant, et quand même il prendrait plaisir à nous tromper, nous ne laissons pas d'éprouver en nous une liberté qui est telle que, toutes les fois qu'il nous plaît, nous pouvons nous abstenir de recevoir en notre croyance les choses que nous ne connaissons pas bien, et ainsi nous empêcher d'être jamais trompés [1].

7. Que nous ne saurions douter sans être, et que cela est la première connaissance certaine qu'on peut acquérir.

Pendant que nous rejetons ainsi tout ce dont nous pouvons douter le moins du monde, et que nous feignons même qu'il est faux, nous supposons facilement qu'il n'y a point de Dieu ni de ciel, ni de terre, et que nous n'avons point de corps ; mais nous ne saurions supposer de même que nous ne sommes point pendant que nous doutons de la vérité de toutes ces choses ; car nous avons tant de répugnance à con-

---

pense ou je suis, il est impossible que nous soyons dans l'erreur. « Qu'il me trompe tant qu'il voudra : il ne saura jamais faire que je ne sois rien tant que je penserai être quelque chose. » (IIe *Médit.*, 3.) L'existence de Dieu est connue de même avec une certitude qui ne laisse aucune place au doute, et elle sert ensuite à garantir les autres vérités.

1. Cette théorie, suivant laquelle l'adhésion ou la croyance dépend de notre liberté, et qui est développée dans la IVe *Méditation*, est commune à Descartes et aux stoïciens : nous avons essayé de montrer ailleurs (*Rev. philosoph.*, t. IX) que c'est probablement aux stoïciens que Descartes l'a empruntée. Ce qui est certain, c'est que dans la philosophie ancienne, après Aristote, elle n'était contestée par personne : stoïciens, épicuriens, sceptiques s'accordaient à dire que nous sommes libres d'accorder ou de refuser notre assentiment.

cevoir que ce qui pense n'est pas véritablement au même temps qu'il pense, que, nonobstant toutes les plus extravagantes suppositions, nous ne saurions nous empêcher de croire que cette conclusion : *Je pense, donc je suis*, ne soit vraie, et par conséquent la première et la plus certaine qui se présente à celui qui conduit ses pensées par ordre.

8. Qu'on connaît aussi ensuite la distinction qui est entre l'âme et le corps.

Il me semble aussi que ce biais est tout le meilleur que nous puissions choisir pour connaître la nature de l'âme, et qu'elle est une substance entièrement distincte du corps : car, examinant ce que nous sommes, nous qui sommes persuadés maintenant qu'il n'y a rien hors de notre pensée qui soit véritablement ou qui existe, nous connaissons manifestement que, pour être, nous n'avons pas besoin d'extension, de figure, d'être en aucun lieu, ni d'aucune autre semblable chose que l'on peut attribuer au corps, et que nous sommes par cela seul que nous pensons ; et par conséquent que la notion que nous avons de notre âme ou de notre pensée précède celle que nous avons du corps, et qu'elle est plus certaine[1], vu que nous doutons encore qu'il y ait aucun corps au monde, et que nous savons certainement que nous pensons.

9. Ce que c'est que penser.

Par le mot de penser, j'entends tout ce qui se fait en nous de telle sorte que nous l'apercevons immédiatement par nous-mêmes ; c'est pourquoi non seulement entendre, vouloir, imaginer, mais aussi sentir, est la même chose ici que

---

1. En d'autres termes, comme le dit ailleurs Descartes (*Méthod.* IV, p. 49), l'esprit est plus aisé à connaître que le corps. C'est une assertion qui lui est commune avec Leibnitz (*Nouv. Essais*, liv. II, 18, p. 201, édit. Janet) et même avec Locke. « Dans le temps, dit ce dernier philosophe, que voyant ou entendant, je connais qu'il y a quelque être corporel hors de moi qui est l'objet de cette sensation, je sais d'une manière encore plus certaine qu'il y a au dedans de moi quelque être spirituel qui voit et qui entend. » (*Essais sur l'entend. hum.*, l. II, 15.)

penser[1]. Car si je dis que je vois ou que je marche, et que j'infère de là que je suis ; si j'entends parler de l'action qui se fait avec mes yeux ou avec mes jambes, cette conclusion n'est pas tellement infaillible, que je n'aie quelque sujet d'en douter, à cause qu'il se peut faire que je pense voir ou marcher, encore que je n'ouvre point les yeux et que je ne bouge de ma place ; car cela m'arrive quelquefois en dormant, et le même pourrait peut-être m'arriver encore que je n'eusse point de corps ; au lieu que si j'entends parler seulement de l'action de ma pensée[2] ou du sentiment, c'est-à-dire de la connaissance qui est en moi, qui fait qu'il me semble que je vois ou que je marche, cette même conclusion est si absolument vraie que je n'en puis douter, à cause qu'elle se rapporte à l'âme, qui seule a la faculté de sentir ou bien de penser en quelque autre façon que ce soit.

10. Qu'il y a des notions d'elles-mêmes si claires qu'on les obscurcit en les voulant définir à la façon de l'école, et qu'elles ne s'acquièrent point par l'étude, mais naissent avec nous.

Je n'explique pas ici plusieurs autres termes dont je me suis déjà servi et dont je fais état de me servir ci-après ; car je ne pense pas que, parmi ceux qui liront mes écrits, il s'en rencontre de si stupides qu'ils ne puissent entendre d'eux-mêmes ce que ces termes signifient. Outre que j'ai remarqué que les philosophes, en tâchant d'expliquer par les règles

1. Ce que Descartes appelle pensée, est à peu près ce que nous appelons aujourd'hui conscience. La pensée pour Descartes, comme la conscience, pour nous, enveloppe tous les phénomènes psychologiques.

2. Descartes insiste avec raison sur ce point : c'est l'acte seul de la pensée, quel que soit l'objet que représente cette pensée, qui l'assure de son existence. Il y a une grande différence entre le *cogito* et l'argument fameux par lequel on prouve le mouvement en marchant, quoique tous deux, à première vue, paraissent aussi évidents. En effet, le mouvement est hors de notre pensée, car nous croyons parfois nous mouvoir, en rêve par exemple, bien que nous restions immobiles : prouver le mouvement en marchant, c'est en réalité supposer ce qui est en question ; au contraire, si nous pensons au mouvement, même sans qu'il y ait de mouvement réel, notre pensée subsiste comme un fait réel qui, suivant Descartes, suffit à prouver notre existence. — (Voir *Rép. aux V objections*, 5.)

de leur logique des choses qui sont manifestes d'elles-mêmes,
n'ont rien fait que les obscurcir; et lorsque j'ai dit que cette
proposition: *Je pense, donc je suis*, est la première et la
plus certaine qui se présente à celui qui conduit ses pensées
par ordre, je n'ai pas pour cela nié qu'il ne fallût savoir auparavant ce que c'est que pensée, certitude, existence, et que
pour penser il faut être[1], et autres choses semblables: mais,

1. Ce passage semble bien donner raison à ceux qui considèrent le :
Ego cogito, ergo sum comme un enthymème : il faut, dit Descartes, savoir à l'avance que « pour penser, il faut être » ; or, je pense, donc, je
suis. Descartes s'est pourtant défendu (*Rép. aux II* object.*, 22) d'avoir
fait un syllogisme. Et il faut bien qu'il s'en défende, car ce syllogisme, il
n'a pas le droit de le faire : ayant tout révoqué en doute, tenant même
toutes ses idées antérieures pour fausses, il ne sait pas que « pour penser, il faut être. » Aussi déclare-t-il, dans sa réponse aux objections du
P. Mersenne, que le *cogito* est connu *simplici mentis intuitu*. — Dans
notre édition du *Discours de la méthode* (éclaircissement III, p. 108),
nous avons essayé de justifier Descartes du reproche de contradiction qui
lui a été maintes fois adressé. Cet essai a provoqué une réponse de M. F.
Pillon, qui, dans un très intéressant article de la *Critique philosophique* (juillet 1881, t. XIX), s'est attaché à montrer que le *cogito* est
réellement un syllogisme : M. Pillon s'appuie notamment sur le texte
des *Principes* que nous lisons ici. — Après réflexion, nous ne pouvons
nous empêcher de maintenir notre interprétation : le *cogito* n'est pas un
syllogisme. Descartes dit ici en propres termes que d'une proposition
abstraite et toute logique, comme celle-ci : *Pour penser, il faut être*,
on ne peut rien conclure touchant la réalité : « Ce sont là des notions si
simples, que d'elles-mêmes elles ne nous font avoir la connaissance d'aucune chose qui existe. » Descartes reconnaît pourtant que ce principe :
Pour penser, il faut être, joue un rôle dans la connaissance du *cogito*.
Quel est ce rôle? Il y aurait un raisonnement, si ce principe était posé
avant l'intuition qui constitue le *cogito*, s'il était, comme le lui a reproché Gassendi, un *préjugé*. Mais c'est, répond Descartes, « abuser du
mot de *préjugé*, car bien qu'on en puisse donner le nom à cette proposition, lorsqu'on la profère sans attention, et qu'on croit seulement qu'elle
est vraie, à cause qu'on se souvient de l'avoir ainsi jugé auparavant, on
ne peut pas dire toutefois qu'elle soit un préjugé lorsqu'on l'examine, à
cause qu'elle paraît si évidente à l'entendement, qu'il ne se saurait empêcher de la croire, *encore que ce soit peut-être la première fois de sa
vie qu'il y pense, et que par conséquent il n'ait aucun préjugé* ». (*Réponse aux instances*, 6.) Ainsi, au moment où Descartes prononce le mot
cogito, il s'aperçoit par une lumière naturelle (*infra*, 11) que pour penser
il faut être, ce qui est une autre forme de ce principe, que le néant n'a
aucune qualité. Il applique à ce fait, la pensée, une loi de la raison, le
principe de substance, et il l'applique immédiatement sans se référer à
une connaissance antérieure. Cet acte ne peut s'appeler un raisonnement,
encore moins un syllogisme. « Lorsque quelqu'un aperçoit qu'il pense,

à cause que ce sont là des notions si simples que d'elles-
mêmes elles ne nous font avoir la connaissance d'aucune
chose qui existe, je n'ai pas jugé qu'on en dût faire ici aucun
dénombrement.

**11. Comment nous pouvons plus clairement connaître notre âme que
notre corps.**

Or, afin de savoir comment la connaissance que nous avons
de notre pensée précède celle que nous avons du corps, et
qu'elle est incomparablement plus évidente, et telle qu'encore qu'il ne fût point nous aurions raison de conclure
qu'elle ne laisserait pas d'être tout ce qu'elle est ; nous re-
marquerons qu'il est manifeste, par une lumière qui est naturellement en nos âmes, que le néant n'a aucunes qualités
ni propriétés qui lui appartiennent, et qu'où nous en apercevons quelques-unes il se doit trouver nécessairement une
chose ou substance dont elles dépendent[1]. Cette même lu-

dit-il encore, et que de là il suit très évidemment qu'il existe, encore
qu'il ne se soit peut-être jamais auparavant mis en peine de savoir ce que
c'est que la pensée et que l'existence, il ne se peut faire néanmoins qu'il
ne les connaisse assez l'une et l'autre, pour être en cela pleinement
satisfait. » (*Réponses aux VI*^{es} *object.*, 1.) Le *cogito* n'est donc pas un
enthymème.

C'est maintenant une autre question de savoir si cette application immédiate du principe de substance permet, comme le croit Descartes,
d'atteindre la réalité au delà du fait de la pensée, de passer du sujet à
l'objet. Ici, nous serions volontiers de l'avis de M. Pillon, et nous sous-
cririons au jugement de M. Renouvier. Mais c'est une question que nous
ne croyons pas pouvoir discuter utilement dans ces notes. Nous nous
plaçons ici à un point de vue purement historique : il s'agit d'élucider
la pensée de Descartes, de la comprendre telle qu'il l'a comprise lui-
même, et non pas de la défendre avec un zèle officieux, chose dont il n'a
que faire : notre rôle est celui d'un historien, non d'un avocat. Et si nous
examinons quelques-unes des difficultés que présente la doctrine de
Descartes, ce sont celles qui lui ont été signalées à lui-même, et qu'il a
tenté de résoudre.

1. Descartes insiste sur la distinction de l'âme et du corps, probablement parce que ce point de doctrine avait été vivement contesté par la
plupart de ceux qui avaient adressé des objections à propos des *Méditations*. — Descartes reconnaît lui-même que « nous ne connaissons pas
la substance immédiatement par elle-même, mais seulement parce qu'elle
est le sujet de quelques actes. » (*Rép. aux III*^{es} *object.*, 15.) Il reste à se

mière nous montre aussi que nous connaissons d'autant mieux
une chose ou substance, que nous remarquons en elle davantage de propriétés: or il est certain que nous en remarquons beaucoup plus en notre pensée qu'en aucune autre
chose que ce puisse être, d'autant qu'il n'y a rien qui nous
fasse connaître quoi que ce soit, qui ne nous fasse encore
plus certainement connaître notre pensée. Par exemple, si
je me persuade qu'il y a une terre à cause que je la touche
ou que je la vois: de cela même, par une raison encore plus
forte, je dois être persuadé que ma pensée est ou existe, à
cause qu'il se peut faire que je pense toucher la terre encore
qu'il n'y ait peut-être aucune terre au monde ; et qu'il n'est
pas possible que moi, c'est-à-dire mon âme, ne soit rien pen
dant qu'elle a cette pensée : nous pouvons conclure le même
de toutes les autres choses qui nous viennent en la pensée,
à savoir que nous, qui les pensons, existons, encore qu'elles
soient peut-être fausses ou qu'elles n'aient aucune existence.

12. D'où vient que tout le monde ne la connaît pas en cette façon.

Ceux qui n'ont pas philosophé par ordre ont eu d'autres
opinions sur ce sujet, parce qu'ils n'ont jamais distingué assez
soigneusement leur âme, ou ce qui pense, d'avec le corps,
ou ce qui est étendu en longueur, largeur et profondeur. Car,
encore qu'ils ne fissent point difficulté de croire qu'ils étaient
dans le monde, et qu'ils en eussent une assurance plus grande
que d'aucune autre chose, néanmoins, comme ils n'ont pas
pris garde que pour eux, lorsqu'il était question d'une certitude métaphysique, ils devaient entendre seulement leur
pensée, et qu'au contraire ils ont mieux aimé croire que
c'était leur corps qu'ils voyaient de leurs yeux, qu'ils tou-
chaient de leurs mains, et auquel ils attribuaient mal à propos la faculté de sentir, ils n'ont pas connu distinctement
la nature de leur âme.

demander si la substance qui pense, inconnue en elle-même, ne peut pas
être identique à la substance étendue, qui n'est connue, elle aussi, que
par ses manifestations. C'est de là que naîtra le spinozisme.

13. En quel sens on peut dire que si on ignore Dieu on ne peut avoir de connaissance certaine d'aucune autre chose.

Mais lorsque la pensée, qui se connaît soi-même en cette façon, nonobstant qu'elle persiste encore à douter des autres choses, use de circonspection pour tâcher d'étendre sa connaissance plus avant, elle trouve en soi premièrement les idées de plusieurs choses; et pendant qu'elle les contemple simplement, et qu'elle n'assure pas qu'il y ait rien hors de soi qui soit semblable à ces idées, et qu'aussi elle ne le nie pas, elle est hors de danger de se méprendre. Elle rencontre aussi quelques notions communes dont elle compose des démonstrations qui la persuadent si absolument qu'elle ne saurait douter de leur vérité pendant qu'elle s'y applique. Par exemple, elle a en soi les idées des nombres et des figures; elle a aussi entre ses communes notions « que, si on ajoute des quantités égales à d'autres quantités égales, les touts seront égaux, » et beaucoup d'autres aussi évidentes que celle-ci, par lesquelles il est aisé de démontrer que les trois angles d'un triangle sont égaux à deux droits, etc. Or tant qu'elle aperçoit ces notions et l'ordre dont elle a déduit cette conclusion ou d'autres semblables, elle est très assurée de leur vérité[1] : mais, comme elle ne saurait y penser toujours avec tant d'attention, lorsqu'il arrive qu'elle se souvient de quelque conclusion sans prendre garde à l'ordre dont elle peut être démontrée, et que cependant elle pense que l'Auteur de son être aurait pu la créer de telle nature

---

1. C'est par la distinction qu'il indique ici que Descartes se défend d'avoir commis un cercle vicieux, en disant que nous ne sommes certains de rien, que parce que Dieu existe, et d'autre part, que nous ne sommes assurés que Dieu existe, que parce que nous concevons cela clairement et distinctement (Voir *Rép. aux IV⁰ˢ object.*, 65). Tant que nous avons des idées claires et distinctes, nous sommes certains; la garantie de Dieu est inutile. Mais si nous ne sommes plus immédiatement en présence de l'évidence, si nous nous souvenons seulement d'avoir connu clairement une chose, la garantie de Dieu est nécessaire : car il ne va pas de soi que ce qui était vrai autrefois, le soit encore. — La véracité divine nous garantit la permanence des vérités mathématiques. On verra plus tard qu'elle est nécessaire encore à un autre point de vue, pour nous assurer que nos idées claires et distinctes correspondent à des réalités hors de nous.

qu'elle se méprit en tout ce qui lui semble très évident, elle
voit bien qu'elle a un juste sujet de se défier de la vérité de
tout ce qu'elle n'aperçoit pas distinctement, et qu'elle ne
saurait avoir aucune science certaine jusques à ce qu'elle ait
connu celui qui l'a créée[1].

14. Qu'on peut démontrer qu'il y a un Dieu de cela seul que la nécessité
d'être ou d'exister est comprise en la notion que nous avons de lui.

Lorsque par après elle fait une revue sur les diverses
idées ou notions qui sont en soi, et qu'elle y trouve celle
d'un être tout-connaissant, tout-puissant et extrêmement
parfait, elle juge facilement, par ce qu'elle aperçoit en
cette idée, que Dieu, qui est cet être tout parfait, est ou
existe : car encore qu'elle ait des idées distinctes de plusieurs autres choses, elle n'y remarque rien qui l'assure de
l'existence de leur objet; au lieu qu'elle aperçoit en celle-
ci, non pas seulement une existence possible, comme dans
les autres, mais une existence absolument nécessaire et
éternelle[2]. Et comme de ce qu'elle voit qu'il est nécessairement compris dans l'idée qu'elle a du triangle que ses
trois angles soient égaux à deux droits, elle se persuade
absolument que le triangle a les trois angles égaux à deux
droits; de même, de cela seul qu'elle aperçoit que l'existence nécessaire et éternelle est comprise dans l'idée qu'elle
a d'un être tout parfait, elle doit conclure que cet être tout
parfait est ou existe.

1. La science, selon Descartes, n'est possible que si l'on croit en Dieu.
D'autre part, si le doute est possible, c'est seulement pour ceux qui
n'ont pas de Dieu une juste idée. « Les sceptiques, dit-il ailleurs, n'auraient jamais douté des vérités géométriques, s'ils eussent connu Dieu
comme il faut. » (Lett. LXII. Édit. Garnier.)
2. L'idée de l'être parfait est la seule de toutes nos idées qui con-
tienne l'existence ; car l'existence est une perfection. Voir pour le développement de cette preuve si subtile, Disc. de la méth., IV, p. 51 et
Vᵉ Médit. Nous avons indiqué les difficultés que soulève cet argument dans
notre édition du Disc. de la méth., éclaircissement VI, p. 117.

15. Que la nécessité d'être n'est pas comprise en la notion que nous avons des autres choses, mais seulement le pouvoir d'être.

Elle pourra s'assurer encore mieux de la vérité de cette conclusion, si elle prend garde qu'elle n'a point en soi l'idée ou la notion d'aucune autre chose où elle puisse reconnaître une existence qui soit ainsi absolument nécessaire; car de cela seul elle saura que l'idée d'un être tout parfait n'est point en elle par une fiction, comme celle qui représente une chimère, mais qu'au contraire elle y est empreinte par une nature immuable et vraie, et qui doit nécessairement exister, parce qu'elle ne peut être conçue qu'avec une existence nécessaire[1].

16. Que les préjugés empêchent que plusieurs ne connaissent clairement cette nécessité d'être qui est en Dieu.

Notre âme ou notre pensée n'aurait pas de peine à se persuader cette vérité, si elle était libre de ses préjugés :

1. La preuve ontologique revient à dire : « Puisque nous avons l'idée de Dieu, Dieu existe. Sous cette forme elle a l'air d'un sophisme : Descartes en convient lui-même. (*Rép. aux I*ʳᵉˢ *object.*, 12). Et longtemps après lui, Stuart Mill cite encore cet argument comme un exemple de sophisme. (*Syst. de log.*, V, III, 5). Il faut pourtant bien entendre ce que Descartes veut dire. Si j'ai l'idée d'un cheval ailé ou d'un lion, ou d'un carré, je n'en puis conclure qu'il existe un cheval ailé, ou un lion, ou un carré; car je peux tout aussi bien concevoir que ces objets n'existent pas; en d'autres termes, l'essence et l'existence sont ici choses distinctes. Mais s'il s'agit de l'idée du parfait, je ne la puis concevoir sans l'existence, car l'existence est une perfection; l'idée d'un être parfait qui n'existerait pas serait l'idée d'un être imparfait. L'idée du parfait est donc une idée toute particulière et unique. Et ce n'est point une idée que j'aie composée moi-même; car, qu'on cherche bien, et l'on ne trouvera dans l'esprit aucune autre idée qui renferme de même l'existence. Ce n'est assurément pas en rapprochant plusieurs idées dont aucune ne contient l'existence que j'aurais pu former une idée qui la renferme. L'idée du parfait est donc une idée primitive, *sui generis*, « imprimée en nous par une nature immuable et vraie. » — Reste toujours à savoir si l'existence réelle peut être comprise dans une idée comme un élément de cette idée, si elle n'est point d'une autre nature que l'idée. C'est sur ce point que portera la critique de Kant.

Brochard. — Descartes, philos.   4

mais, d'autant que nous sommes accoutumés à distinguer en toutes les autres choses l'essence de l'existence, et que nous pouvons feindre à plaisir plusieurs idées de choses qui peut-être n'ont jamais été et qui ne seront peut-être jamais, lorsque nous n'élevons pas comme il faut notre esprit à la contemplation de cet être tout parfait, il se peut faire que nous doutions si l'idée que nous avons de lui n'est pas l'une de celles que nous feignons quand bon nous semble, ou qui sont possibles encore que l'existence ne soit pas nécessairement comprise en leur nature.

17. Que d'autant que nous concevons plus de perfection en une chose, d'autant devons-nous croire que sa cause doit être plus parfaite.

De plus, lorsque nous faisons réflexion sur les diverses idées qui sont en nous, il est aisé d'apercevoir qu'il n'y a pas beaucoup de différence entre elles, en tant que nous les considérons simplement comme les dépendances de notre âme ou de notre pensée, mais qu'il y en a beaucoup en tant que l'une représente une chose, et l'autre une autre[1]; et même que leur cause doit être d'autant plus parfaite que ce qu'elles représentent de leur objet a plus de perfection. Car tout ainsi que, lorsqu'on nous dit que quelqu'un a l'idée d'une machine où il y a beaucoup d'artifice, nous avons raison de nous enquérir comment il a pu avoir cette idée, à savoir s'il a vu quelque part une telle machine faite par un autre, ou s'il a appris la science des mécaniques, ou s'il est avantagé d'une telle vivacité d'esprit que de lui-même il ait pu l'inventer sans avoir rien vu de semblable ailleurs, à cause que tout l'artifice qui est représenté dans l'idée qu'a cet homme, ainsi que dans un tableau, doit être en sa première et principale cause, non pas seulement par imitation, mais en effet de la même

1. Cf. *Médit.*, III, 10. « Si les idées sont prises en tant seulement que ce sont de certaines façons de penser, je ne reconnais entre elles aucune différence ou inégalité, et toutes me semblent procéder de moi d'une même façon, mais les considérant comme des images, dont les unes représentent une chose et les autres une autre, il est évident qu'elles sont fort différentes les unes des autres. »

sorte ou d'une façon encore plus éminente qu'il n'est représenté[1].

18. Qu'on peut derechef démontrer par cela qu'il y a un Dieu.

De même, parce que nous trouvons en nous l'idée d'un
Dieu, ou d'un être tout parfait, nous pouvons rechercher la
cause qui fait que cette idée est en nous; mais, après avoir
considéré avec attention combien sont immenses les perfections qu'elle nous représente, nous sommes contraints
d'avouer que nous ne saurions la tenir que d'un être très
parfait, c'est-à-dire d'un Dieu qui est véritablement ou qui
existe, parce qu'il est non seulement manifeste par la lumière naturelle que le néant ne peut être auteur de quoi
que ce soit, et que le plus parfait ne saurait être une suite
et une dépendance du moins parfait, mais aussi parce que
nous voyons par le moyen de cette même lumière qu'il est
impossible que nous ayons l'idée ou l'image de quoi que ce
soit, s'il n'y a en nous ou ailleurs un original qui com-
prenne en effet toutes les perfections qui nous sont ainsi
représentées : mais comme nous savons que nous sommes
sujets à beaucoup de défauts, et que nous ne possédons pas
ces extrèmes perfections dont nous avons l'idée, nous devons
conclure qu'elles sont en quelque nature qui est différente
de la nôtre, et en effet très parfaite, c'est-à-dire qui est
Dieu, ou du moins qu'elles ont été autrefois en cette chose,
et il suit de ce qu'elles étaient infinies qu'elles y sont encore.

---

1. Dans toute idée, il faut, selon Descartes, considérer deux choses:
d'abord le fait que l'idée est actuellement présente à notre esprit; ce
fait s'explique par la nature de la pensée; en outre, il faut tenir compte
de ce que cette idée représente, de son *contenu*, comme nous dirions
aujourd'hui; de son *objet*, comme on disait au temps de Descartes, en
donnant à ce mot une signification toute différente de celle qui a pré-
valu. Ce contenu, ou cet objet, ne peut s'expliquer que par une cause
extérieure, une réalité qui agisse sur l'esprit pour le déterminer de
telle ou telle façon; c'est ce que Descartes appelle dans la III⁰ *Méditat.*
la réalité *actuelle*, *formelle* ou *éminente*.

19. Qu'encore que nous ne comprenions pas tout ce qui est en Dieu, il n'y a rien toutefois que nous connaissions si clairement comme ses perfections.

Je ne vois point en cela de difficulté pour ceux qui ont accoutumé leur esprit à la contemplation de la Divinité, et qui ont pris garde à ses perfections infinies : car encore que nous ne les comprenions pas, parce que la nature de l'infini est telle que des pensées finies ne le sauraient comprendre, nous les concevons néanmoins plus clairement et plus distinctement que les choses matérielles[1], à cause qu'étant plus simples et n'étant point limitées, ce que nous en concevons est beaucoup moins confus. Aussi il n'y a point de spéculation qui puisse plus aider à perfectionner notre entendement, et qui soit plus importante que celle-ci, d'autant que la considération d'un objet qui n'a point de bornes en ses perfections nous comble de satisfaction et d'assurance[2].

20. Que nous ne sommes pas la cause de nous-mêmes, mais que c'est Dieu, et que par conséquent il y a un Dieu.

Mais tout le monde n'y prend pas garde comme il faut, et parce que nous savons assez, lorsque nous avons une idée de quelque machine où il y a beaucoup d'artifice, la façon dont nous l'avons eue, et que nous ne saurions nous souvenir de même quand l'idée que nous avons d'un Dieu nous a été communiquée de Dieu, à cause qu'elle a toujours été en nous, il faut que nous fassions encore cette revue, et que nous recherchions quel est donc l'auteur de notre âme ou de notre pensée qui a en soi l'idée des per-

---

1. C'est un des caractères originaux de la philosophie de Descartes : de même que l'esprit est plus aisé à connaître que le corps, de même Dieu est plus sûrement et plus directement connu que le monde. Aussi ne saurait-il être question, dans cette philosophie, de ce que dans l'école on appelle les preuves physiques de l'existence de Dieu.

2. C'est elle en effet, on l'a vu plus haut, qui nous garantit l'existence réelle des choses matérielles, et même les vérités mathématiques après que nous avons cessé d'y penser.

fections infinies qui sont en Dieu, parce qu'il est évident que ce qui connaît quelque chose de plus parfait que soi ne s'est point donné l'être, à cause que par même moyen il se serait donné toutes les perfections dont il aurait eu connaissance [1], et par conséquent qu'il ne saurait subsister par aucun autre que par celui qui possède en effet toutes ces perfections, c'est-à-dire qui est Dieu.

21. Que la seule durée de notre vie suffit pour démontrer que Dieu est.

Je ne crois pas que l'on puisse douter de la vérité de cette démonstration, pourvu qu'on prenne garde à la nature du temps ou de la durée de notre vie ; car, étant telle que ses parties ne dépendent point les unes des autres et n'existent jamais ensemble [2], de ce que nous sommes maintenant, il ne s'ensuit pas nécessairement que nous soyons un moment après, si quelque cause, à savoir la même qui nous a produits, ne continue à nous produire [3], c'est-à-dire

1. C'est un axiome pour Descartes qu'il est plus facile de se donner une qualité, ou manière d'être, fût-ce la perfection, que de se donner l'être : « C'est une chose, dit-il ailleurs, plus grande et plus difficile de créer ou conserver une substance, que de créer ou conserver ses attributs ou propriétés. » (*Rép. aux II* object., 82.)

2. C'est encore un axiome aux yeux de Descartes que « le temps présent ne dépend point de celui qui l'a immédiatement précédé. » (*Ibid.*, 75.) Descartes a déjà le sentiment très vif de cette vérité que l'ordre de succession des faits dans le temps, ou le rapport de causalité est de tout autre nature que le rapport d'identité dont s'occupent les sciences exactes et les mathématiques. C'est ce que Hume et surtout Kant mettront plus tard en pleine lumière.

3. Supposer que l'être créé puisse subsister par lui-même, aussi longtemps du moins qu'aucune cause de corruption ne vient pas le détruire, est, suivant Descartes, doublement impossible. Admettre une pareille thèse, ce serait en effet attribuer à la créature la perfection du créateur, en ce qu'elle persévérerait dans l'être indépendamment d'autrui ; ce serait en outre attribuer au créateur l'imperfection de la créature, en ce que si jamais il voulait faire cesser notre existence, il faudrait qu'il eût le néant pour terme d'une action positive. (*Rép. aux I* object, 30.) Il est vrai que cette théorie de la *création continuée*, en retirant aux créatures toute action, leur refuse la véritable existence. De là à dire que l'homme est une simple opération de Dieu, comme le dira un des successeurs de Descartes, ou un mode de la Divinité, comme le dira Spinoza, il n'y a qu'un pas.

ne nous conserve. Et nous connaissons aisément qu'il n'y a
point de force en nous par laquelle nous puissions subsister
ou nous conserver un seul moment, et que celui qui a tant
de puissance qu'il nous fait subsister hors de lui et qui
nous conserve, doit se conserver soi-même, ou plutôt n'a
besoin d'être conservé par qui que ce soit, et enfin qu'il est
Dieu.

22. Qu'en connaissant qu'il y a un Dieu en la façon ici expliquée, on
connaît aussi tous ses attributs, autant qu'ils peuvent être connus
par la seule lumière naturelle.

Nous recevons encore cet avantage, en prouvant de cette
sorte l'existence de Dieu, que nous connaissons par même
moyen ce qu'il est, autant que le permet la faiblesse de
notre nature. Car, faisant réflexion sur l'idée que nous
avons naturellement de lui, nous voyons qu'il est éternel,
tout-connaissant, tout-puissant, source de toute bonté et
vérité, créateur de toutes choses, et qu'enfin il a en soi
tout ce en quoi nous pouvons reconnaître quelque perfection infinie ou bien qui n'est bornée d'aucune imperfection.

23. Que Dieu n'est point corporel, et ne connaît point par l'aide des
sens comme nous, et n'est point auteur du péché.

Car il y a des choses dans le monde qui sont limitées,
et en quelque façon imparfaites, encore que nous remarquions en elles quelques perfections; mais nous concevons
aisément qu'il n'est pas possible qu'aucunes de celles-là
soient en Dieu: ainsi, parce que l'extension constitue la
nature du corps, et que ce qui est étendu peut être divisé
en plusieurs parties, et que cela marque du défaut, nous
concluons que Dieu n'est point un corps. Et bien que ce
soit un avantage aux hommes d'avoir des sens, néanmoins,
à cause que les sentiments se font en nous par des impressions qui viennent d'ailleurs, et que cela témoigne de la
dépendance, nous concluons aussi que Dieu n'en a point,
mais qu'il entend et veut, non pas encore comme nous par

des opérations aucunement différentes, mais que toujours par une même et très simple action, il entend, veut et fait tout, c'est-à-dire toutes les choses qui sont en effet; car il ne veut point la malice du péché, parce qu'elle n'est rien [1].

24. Qu'après avoir connu que Dieu est, pour passer à la connaissance des créatures, il faut se souvenir que notre entendement est fini, et la puissance de Dieu infinie.

Après avoir ainsi connu que Dieu existe et qu'il est l'auteur de tout ce qui est ou qui peut être, nous suivrons sans doute la meilleure méthode dont on se puisse servir pour découvrir la vérité, si, de la connaissance que nous avons de sa nature, nous passons à l'explication des choses qu'il a créées, et si nous essayons de la déduire en telle sorte des notions qui sont naturellement en nos âmes, que nous ayons une science parfaite, c'est-à-dire que nous connaissions les effets par leurs causes. Mais, afin que nous puissions l'entreprendre avec plus de sûreté, toutes les fois que nous voudrons examiner la nature de quelque chose, nous nous souviendrons que Dieu qui en est l'auteur, est infini, et que nous sommes entièrement finis.

25. Et qu'il faut croire tout ce que Dieu a révélé, encore qu'il soit au-dessus de la portée de notre esprit.

Tellement que s'il nous fait la grâce de nous révéler, ou bien à quelques autres, des choses qui surpassent la portée ordinaire de notre esprit, telles que sont les mystères de l'Incarnation et de la Trinité, nous ne ferons point difficulté de les croire [2], encore que nous ne les entendions peut-être

1. Le mal, comme l'erreur, n'est pour Descartes, d'accord en cela avec la scolastique, rien de positif; il n'est que l'absence d'un bien, c'est-à-dire une *privation* ou une *négation*. Dès lors, il n'est pas besoin de recourir à une cause pour expliquer le mal. C'est la même idée que Leibnitz exprimera en disant que Dieu n'est pas la *cause efficiente*, mais la *cause déficiente* du mal.

2. On reconnaît ici la prudence avec laquelle Descartes met à part les vérités de la foi, qui, dit-il ailleurs, « ont toujours été les premières en sa créance. » (*Disc. de la méth.*, III, p. 45.)

pas bien clairement. Car nous ne devons point trouver étrange qu'il y ait en sa nature, qui est immense, et en ce qu'il a fait, beaucoup de choses qui surpassent la capacité de notre esprit.

26. Qu'il ne faut point tâcher de· comprendre l'infini, mais seulement penser que tout ce en quoi nous ne trouvons aucunes bornes est indéfini.

Ainsi nous ne nous embarrasserons jamais dans les disputes de l'infini[1]; d'autant qu'il serait ridicule que nous, qui sommes finis, entreprissions d'en déterminer quelque chose, et par ce moyen le supposer fini en tâchant de le comprendre; c'est pourquoi nous ne nous soucierons pas de répondre à ceux qui demandent si la moitié d'une ligne infinie est infinie, et si le nombre infini est pair ou non pair, et autres choses semblables, à cause qu'il n'y a que ceux qui s'imaginent que leur esprit est infini qui semblent devoir examiner telles difficultés. Et, pour nous, en voyant des choses dans lesquelles, selon certains sens, nous ne remarquons point de limites, nous n'assurerons pas pour cela qu'elles soient infinies, mais nous les estimerons seulement indéfinies[2]. Ainsi, parce que nous ne saurions imaginer une

1. Les disputes de l'infini ont commencé dans la philosophie grecque avec les Éléates et surtout Zénon d'Élée : elles durent encore de nos jours, et vraisemblablement ne sont pas près de finir. Remarquons que Descartes a le premier donné au mot *infini* la signification qu'il a gardée chez beaucoup de philosophes modernes. Pour les Grecs ce mot (ἄπειρον) désignait seulement l'indéterminé, l'inachevé; c'est un concept tout négatif; il marque le plus bas degré de l'existence. Descartes, au contraire, en appelant Dieu l'être infini fait signifier à ce mot l'existence parfaite et absolue, la forme la plus élevée de l'être, l'être le plus réel. (Voir sur ce point le remarquable livre de M. F. Evellin, *Infini et quantité*, Paris, G. Baillière, 1880.)

2. Descartes n'est pas toujours aussi prudent : au fond, il a une tendance à croire que le monde, auquel nous n'apercevons pas de limites, est réellement, actuellement infini. « Il répugne à ma pensée, dit-il ailleurs, ou ce qui est le même, il implique contradiction, que le monde soit fini ou terminé. » (*Lettres*, t. X, p. 227, édit. Cousin.) Leibnitz, qui n'a pas été arrêté par les mêmes scrupules que Descartes, et a beaucoup spéculé sur l'infini, est aussi du même avis. De nos jours, l'impossibilité ou la contradiction de l'infini actuellement réalisé a été fortement

étendue si grande que nous ne concevions en même temps
qu'il y en peut avoir une plus grande, nous dirons que
l'étendue des choses possibles est indéfinie ; et parce qu'on
ne saurait diviser un corps en des parties si petites que
chacune de ces parties ne puisse être divisée en d'autres
plus petites, nous penserons que la quantité peut être divisée
en des parties dont le nombre est indéfini ; et parce que nous
ne saurions imaginer tant d'étoiles que Dieu n'en puisse
créer davantage, nous supposerons que leur nombre est
indéfini, et ainsi du reste.

27. Quelle différence il y a entre *indéfini* et *infini*.

Et nous appellerons ces choses indéfinies plutôt qu'infinies, afin de réserver à Dieu seul le nom d'infini ; tant à
cause que nous ne remarquons point de bornes en ses perfections, comme aussi à cause que nous sommes très assurés
qu'il n'y en peut avoir. Pour ce qui est des autres choses,
nous savons qu'elles ne sont pas ainsi absolument parfaites,
parce qu'encore que nous y remarquions quelquefois des
propriétés qui nous semblent n'avoir point de limites, nous
ne laissons pas de connaître que cela procède du défaut
de notre entendement, et non point de leur nature.

28. Qu'il ne faut point examiner pour quelle fin Dieu a fait chaque chose, mais seulement par quel moyen il a voulu qu'elle fût produite.

Nous ne nous arrêterons pas aussi à examiner les fins
que Dieu s'est proposées en créant le monde, et nous re-
jetterons entièrement de notre philosophie la recherche des
causes finales[1] ; car nous ne devons pas tant présumer de

mise en lumière par plusieurs philosophes, mais surtout par M. Renou-
lier. (*Essais de critique générale*, 1ᵉʳ essai, t. I, p. 56 et 57, et *Année
philosophique*, IIᵉ année, p. 55, Paris, G. Baillière, 1869.)

1. Descartes n'a jamais varié sur ce point : il proscrit impitoyable-
ment la recherche des causes finales: « Tout ce genre de causes, dit-il
encore, qu'on a coutume de tirer de la fin, n'est d'aucun usage dans les
choses physiques ou naturelles ; car il ne me semble pas que je puisse
sans témérité rechercher et entreprendre de découvrir les fins impéné-

nous-mêmes, que de croire que Dieu nous ait voulu faire
part de ses conseils : mais, le considérant comme l'auteur
de toutes choses, nous tâcherons seulement de trouver,
par la faculté de raisonner qu'il a mise en nous, comment
celles que nous apercevons par l'entremise de nos sens ont
pu être produites; et nous serons assurés, par ceux de ses
attributs dont il a voulu que nous ayons quelque connaissance, que ce que nous aurons une fois aperçu clairement
et distinctement appartenir à la nature de ces choses, a la
perfection d'être vrai.

29. Que Dieu n'est point la cause de nos erreurs.

Et le premier de ses attributs qui semble devoir être
ici considéré, consiste en ce qu'il est très véritable et la
source de toute lumière, de sorte qu'il n'est pas possible
qu'il nous trompe, c'est-à-dire qu'il soit directement la
cause des erreurs auxquelles nous sommes sujets, et que
nous expérimentons en nous-mêmes; car encore que l'adresse
à pouvoir tromper semble être une marque de subtilité
d'esprit entre les hommes, néanmoins jamais la volonté de
tromper ne procède que de malice ou de crainte et de faiblesse, et par conséquent ne peut être attribuée à Dieu.

30. Et que par conséquent tout cela est vrai que nous connaissons clairement être vrai, ce qui nous délivre des doutes ci-dessus proposés.

D'où il suit que la faculté de connaître qu'il nous a
donnée, que nous appelons lumière naturelle, n'aperçoit

---

trables de Dieu. » (*IV⁰ Médit.*, 5.) Et ailleurs: « Quoique en matière de
morale, où il est souvent *permis d'user de conjectures*, ce soit quelque
fois une chose pieuse de considérer quelle fin nous pouvons conjecturer
que Dieu s'est proposée au gouvernement de l'univers, certainement en
physique, où toutes choses doivent être appuyées de solides raisons, cela
serait inepte. Et on ne peut pas feindre qu'il y ait des fins plus aisées
à découvrir les unes que les autres; car elles sont toutes également
cachées dans l'abîme imperscrutable [de sa sagesse. » (*Rép. aux
I⁰⁰ object.*, 46.)

jamais aucun objet qui ne soit vrai en ce qu'elle l'aperçoit[1], c'est-à-dire en ce qu'elle connaît clairement et distinctement; parce que nous aurions sujet de croire que Dieu serait trompeur, s'il nous l'avait donnée telle que nous prissions le faux pour le vrai lorsque nous en usons bien. Et cette considération seule nous doit délivrer de ce doute hyperbolique où nous avons été pendant que nous ne savions pas encore si celui qui nous a créés avait pris plaisir à nous faire tels, que nous fussions trompés en toutes les choses qui nous semblent très claires. Elle nous doit servir aussi contre toutes les autres raisons que nous avions de douter, et que j'ai alléguées ci-dessus; même les vérités de mathématique ne nous seront plus suspectes, à cause qu'elles sont très évidentes; et si nous apercevons quelque chose par nos sens, soit en veillant, soit en dormant[2], pourvu que nous séparions ce qu'il y aura de clair et de distinct en la notion que nous aurons de cette chose de ce qui sera obscur et confus, nous pourrons facilement nous assurer de ce qui sera vrai. Je ne m'étends pas ici davantage sur ce sujet, parce que j'en ai amplement traité dans les Méditations de ma métaphysique, et ce qui suivra tantôt servira encore à l'expliquer mieux.

31. Que nos erreurs au regard de Dieu ne sont que des négations, mais au regard de nous sont des privations ou des défauts.

Mais parce qu'il arrive que nous nous méprenons souvent, quoique Dieu ne soit pas trompeur, si nous désirons rechercher la cause de nos erreurs, et en découvrir la

---

1. On ne pense pas ce qui n'est pas; tel est le principe sur lequel repose toute la métaphysique de Descartes; c'est, suivant lui, une application de cet autre principe évident par lui-même : *De rien, rien ne se fait* (*Rép. aux II*ᵉˢ *object.*, 11), ou rien ne procède du néant *(ibid.).* On peut encore l'exprimer ainsi : « Du connaître à l'être, la conséquence est bonne. » (*Remarques sur les VII*ᵉˢ *object.*, 49.) — Cf. *Rép. aux II*ᵉˢ *object.*, 76-78.

2 Même en dormant, si nous avons des idées claires et distinctes, elles sont vraies : « s'il arrivait même en dormant qu'on eût quelque idée fort distincte, comme par exemple qu'un géomètre inventât quelque nouvelle démonstration, son sommeil ne l'empêcherait pas d'être vraie. » (*Disc. de la méth.*, IV, p. 54.)

source, afin de les corriger, il faut que nous prenions garde qu'elles ne dépendent pas tant de notre entendement comme de notre volonté, et qu'elles ne sont pas des choses ou des substances qui aient besoin du concours actuel de Dieu pour être produites[1]; en sorte qu'elles ne sont à son égard que des négations, c'est-à-dire qu'il ne nous a pas donné tout ce qu'il pouvait nous donner, et que nous voyons par même moyen qu'il n'était point tenu de nous donner; au lieu qu'à notre égard elles sont des défauts et des imperfections.

32. Qu'il n'y a en nous que deux sortes de pensées, à savoir la perception de l'entendement et l'action de la volonté.

Car toutes les façons de penser que nous remarquons en nous peuvent être rapportées à deux générales, dont l'une consiste à apercevoir par l'entendement, et l'autre à se déterminer par la volonté[2]. Ainsi sentir, imaginer et même

1. L'erreur n'est par elle-même rien de positif. Une proposition quelconque n'est fausse que parce qu'elle est incomplète, parce que l'intelligence qui la pense ignore une partie de la vérité : en elle-même, comme on l'a vu ci-dessus, toute pensée est vraie. En d'autres termes, l'erreur n'est qu'ignorance, elle n'est que l'absence d'une connaissance ; elle n'est pas une chose qu'on ait à expliquer. C'est pourquoi elle n'a pas besoin, comme toute chose réelle, du concours de Dieu. Telle est la doctrine commune à Descartes, à Spinoza, à Leibnitz, à tous les philosophes, en un mot pour lesquels « du connaître à l'être, la conséquence est bonne », c'est-à-dire à tous les dogmatistes. — Est-il bien sûr cependant que toute proposition, vraie en elle-même, ne soit jamais fausse que par ce qu'elle omet ou néglige? Est-il sûr que l'erreur ne soit jamais qu'une partie de véri   C'est un point sur lequel on peut concevoir des doutes ; nous avons discuté cette question dans notre livre sur l'*Erreur*, p. 130. (Paris, G. Baillière, 1870.)

2. Il résulte clairement de ce passage que quand Descartes parle de la *pensée*, il désigne tout aussi bien la volonté que l'entendement. C'est donc à tort qu'on lui a si souvent reproché d'avoir, en définissant l'âme « une substance dont toute la nature n'est que de penser », considéré uniquement l'élément intellectuel ou idéal, et négligé la partie active ou la volonté. L'âme est, à ses yeux, volonté tout autant qu'intelligence. Et l'on sera tenté de croire que la volonté est, selon lui, l'essentiel, si l'on rapproche ce passage de sa théorie sur l'origine des vérités éternelles, qu'il fait dépendre, au grand scandale de Leibnitz et de quelques autres, de la volonté divine. (Voir sur ce point la belle étude de M. E. Boutroux, *De veritatibus æternis apud Cartesium*, Paris, G. Baillière, 1874.)

concevoir des choses purement intelligibles, ne sont que des façons différentes d'apercevoir; mais désirer, avoir de l'aversion, assurer, nier, douter, sont des façons différentes de vouloir.

33. Que nous ne nous trompons que lorsque nous jugeons de quelque chose qui ne nous est pas assez connue.

Lorsque nous apercevons quelque chose, nous ne sommes pas en danger de nous méprendre si nous n'en jugeons en aucune façon; et quand même nous en jugerions, pourvu que nous ne donnions notre consentement qu'à ce que nous connaissons clairement et distinctement devoir être compris en ce dont nous jugeons, nous ne saurions non plus faillir; mais ce qui fait que nous nous trompons ordinairement est que nous jugeons bien souvent, encore que nous n'ayons pas une connaissance bien exacte de ce dont nous jugeons.

34. Que la volonté aussi bien que l'entendement est requise pour juger.

J'avoue que nous ne saurions juger de rien, si notre entendement n'y intervient, parce qu'il n'y a pas d'apparence que notre volonté se détermine sur ce que notre entendement n'aperçoit en aucune façon; mais comme la volonté est absolument nécessaire[1], afin que nous donnions notre consentement à ce que nous avons aucunement aperçu, et qu'il n'est pas nécessaire pour faire un jugement tel quel que nous ayons une connaissance entière et parfaite; de là vient que

1. Cette théorie de Descartes qui fait si nettement dépendre le consentement, ou l'adhésion, de la volonté, n'a pas été généralement adoptée par les philosophes. Le plus souvent on considère l'affirmation ou le jugement comme un fait purement intellectuel; on ne distingue pas, même logiquement, l'affirmation et l'idée. Parmi les philosophes qui les distinguent il en est, comme Spinoza, qui considèrent le consentement ou acte de volonté comme lié à l'idée de telle sorte que l'une ne va pas sans l'autre. Descartes au contraire détache la volonté de l'entendement; il lui reconnaît une indépendance relative : la volonté n'a pas besoin pour se prononcer, d'attendre que l'entendement soit éclairé. C'est par là, comme on va le voir, qu'il explique l'erreur et peut la distinguer de l'ignorance.

bien souvent nous donnons notre consentement à des choses
dont nous n'avons jamais eu qu'une connaissance fort confuse.

35. Qu'elle a plus d'étendue que lui, et que de là viennent nos erreurs.

De plus, l'entendement ne s'étend qu'à ce peu d'objets
qui se présentent à lui, et sa connaissance est toujours fort
limitée : au lieu que la volonté en quelque sens peut sem-
bler infinie[1], parce que nous n'apercevons rien qui puisse
être l'objet de quelque autre volonté, même de cette immense
qui est en Dieu, à quoi la nôtre ne puisse aussi s'étendre ;
ce qui est cause que nous la portons ordinairement au delà
de ce que nous connaissons clairement et distinctement : et
lorsque nous en abusons de la sorte, ce n'est pas merveille
s'il nous arrive de nous méprendre[2].

36. Lesquelles ne peuvent être imputées à Dieu.

Or quoique Dieu ne nous ait pas donné un entendement
tout-connaissant, nous ne devons pas croire pour cela qu'il
soit l'auteur de nos erreurs, parce que tout entendement
créé est fini, et qu'il est de la nature de l'entendement fini
de n'être pas tout-connaissant.

---

1. La liberté, suivant Descartes, c'est-à-dire le pouvoir d'affirmer ou
de nier, de poursuivre ou de fuir une chose, ne comporte pas de degrés ;
elle est ou elle n'est pas. C'est pourquoi elle est infinie en nous
comme en Dieu. (Voir IV* *Médit.*, 7.)
2. En d'autres termes, nous sommes seuls les auteurs de nos erreurs.
Les facultés que Dieu nous a données, l'une (l'entendement) imparfaite
et bornée, l'autre (la volonté) parfaite et infinie, sont bonnes en elles-
mêmes ; l'erreur provient uniquement du mauvais usage que nous en
faisons. Il ne tient qu'à nous de ne jamais nous tromper ; il suffit pour
cela de ne donner notre adhésion qu'à des choses que nous concevons
clairement et distinctement. Aussi ne pouvons-nous ni reprocher à Dieu
nos erreurs, ni révoquer en doute la légitimité de notre faculté de
connaître.

37. Que la principale perfection de l'homme est d'avoir un libre arbitre, et que c'est ce qui le rend digne de louange ou de blâme.

Au contraire, la volonté étant, de sa nature, très étendue, ce nous est un avantage très grand de pouvoir agir par son moyen, c'est-à-dire librement; en sorte que nous soyons tellement les maîtres de nos actions, que nous sommes dignes de louange lorsque nous les conduisons bien : car, tout ainsi qu'on ne donne point aux machines qu'on voit se mouvoir en plusieurs façons diverses, aussi justement qu'on saurait désirer, des louanges qui se rapportent véritablement à elles, parce que ces machines ne représentent aucune action qu'elles ne doivent faire par le moyen de leurs ressorts, et qu'on en donne à l'ouvrier qui les a faites, parce qu'il a eu le pouvoir et la volonté de les composer avec tant d'artifice; de même on doit nous attribuer quelque chose de plus[1], de ce que nous choisissons ce qui est vrai, lorsque nous le distinguons d'avec le faux, par une détermination de notre volonté, que si nous y étions déterminés et contraints par un principe étranger[2].

1. Il semble qu'une telle théorie entraîne de redoutables conséquences. Si nous avons du mérite pour croire la vérité, ne serons-nous pas coupables de nous tromper? L'erreur ne deviendra-t-elle pas un crime punissable, et par là toutes les intolérances ne seront-elles pas justifiées? Il est aisé pourtant de répondre à cette objection, dont on a parfois abusé. Il se peut qu'aux yeux de la conscience, dans notre for intérieur, il y ait des erreurs qui soient coupables : mais c'est un point dont chacun est seul juge, et sur lequel la conscience d'autrui est toujours incompétente. Ni la loi, ni même l'opinion, n'ont le droit de nous demander compte de ce que nous pensons ou croyons. Au surplus, l'intolérance peut tout aussi aisément s'accommoder du déterminisme; elle considère ceux dont elle ne partage pas les opinions non plus, il est vrai, comme des coupables, mais comme des ignorants, que le châtiment est destiné à éclairer. La chose s'est vue dans l'histoire.

2. Nous pouvons être, suivant Descartes, non pas déterminés, mais fortement sollicités à donner notre consentement à une proposition : c'est ce qui arrive lorsque notre entendement nous représente une chose comme claire. « D'une grande clarté dans l'entendement, naît une grande propension dans la volonté. » (Lettre XLVIII, édit. Garnier.) Cette propension peut devenir si grande qu'il nous soit *moralement* impossible de ne pas admettre une vérité évidente, quoique *absolument* ce soit toujours

38. Que nos erreurs sont des défauts de notre façon d'agir, mais non point de notre nature; et que les fautes des sujets peuvent souvent être attribuées aux autres maîtres, mais non point à Dieu.

Il est bien vrai que toutes les fois que nous faillons il y a du défaut en notre façon d'agir ou en l'usage de notre liberté mais il n'y a point pour cela de défaut en notre nature, à cause qu'elle est toujours la même quoique nos jugements soient vrais ou faux. Et quand Dieu aurait pu nous donner une connaissance si grande que nous n'eussions jamais été sujets à faillir, nous n'avons aucun droit pour cela de nous plaindre de lui ; car encore que parmi nous celui qui a pu empêcher un mal et ne l'a pas empêché en soit blâmé et jugé comme coupable, il n'en est pas de même à l'égard de Dieu, d'autant que le pouvoir que les hommes ont les uns sur les autres est institué afin qu'ils empêchent de mal faire ceux qui leur sont inférieurs, et que la toute-puissance que Dieu a sur l'univers est très absolue et très libre. C'est pourquoi nous devons le remercier des biens qu'il nous a faits, et non point nous plaindre de ce qu'il ne nous a pas avantagés de ceux que nous connaissons qui nous manquent et qu'il aurait peut-être pu nous départir.

39. Que la liberté de notre volonté se connaît sans preuve, par la seule expérience que nous en avons.

Au reste il est si évident que nous avons une volonté libre, qui peut donner son consentement ou ne le pas donner quand bon lui semble, que cela peut être compté pour une de nos plus communes notions. Nous en avons eu ci-devant une preuve bien claire ; car, au même temps que nous doutions

possible. (Lettre XLVII.) C'est lorsque l'âme est ainsi sollicitée qu'elle atteint, d'après Descartes, le plus haut degré de liberté : la liberté d'indifférence n'est que le plus bas degré. Peut-être n'est-il pas très facile de concilier ces assertions diverses. Voir sur ce point délicat toute la lettre XLVII. — Mais, suivant Descartes, lorsque nous sommes ainsi entraînés, nous ne cessons pas d'être libres, car nous ne cédons pas à un principe étranger, nous n'obéissons qu'à nous-mêmes.

de tout, et que nous supposions même que celui qui nous
a créés employait son pouvoir à nous tromper en toutes façons, nous apercevions en nous une liberté si grande, que
nous pouvions nous empêcher de croire ce que nous ne connaissions pas encore parfaitement bien. Or ce que nous apercevions distinctement, et dont nous ne pouvions douter pendant une suspension si générale, est aussi certain qu'aucune
autre chose que nous puissions jamais connaître.

40. Que nous savons aussi très certainement que Dieu a préordonné toutes choses.

Mais, à cause que ce que nous avons depuis connu de
Dieu nous assure que sa puissance est si grande que nous
ferions un crime de penser que nous eussions jamais été
capables de faire aucune chose qu'il ne l'eût auparavant
ordonnée, nous pourrions aisément nous embarrasser en
des difficultés très grandes[1] si nous entreprenions d'ac-

1. On sait combien de solutions les philosophes ont imaginées pour cet
insoluble problème. Descartes se tire ici d'embarras par une fin de non-
recevoir. Ailleurs, il explique plus amplement comment il conçoit la
conciliation du libre arbitre et de la prescience divine : « Si un roi qui
a défendu les duels, et qui sait très assurément que deux gentilshommes
de son royaume, demeurant en diverses villes, sont en querelle et tellement animés l'un contre l'autre que rien ne les saurait empêcher de se
battre, s'ils se rencontrent ; si, dis-je, ce roi donne à l'un d'eux quelque
commission pour aller à certain jour vers la ville où est l'autre, et qu'il
donne aussi commission à cet autre pour aller le même jour vers le lieu
où est le premier, il sait bien assurément qu'ils ne manqueront pas de
se rencontrer et de se battre, et ainsi de contrevenir à sa défense, mais
il ne les contraint pas pour cela, et la connaissance et même la volonté
qu'il a eue de les y déterminer en cette façon, n'empêche pas que ce ne
soit aussi volontairement et aussi librement qu'ils se battent lorsqu'ils
viennent à se rencontrer, comme ils auraient fait s'il n'en avait rien su,
et que ce fût par quelque autre occasion qu'ils se fussent rencontrés, et
ils peuvent aussi justement être punis, pour ce qu'ils ont contrevenu à
sa défense. Or, ce qu'un roi peut faire en cela touchant quelques actions
libres de ses sujets, Dieu qui a une prescience et une puissance infinies,
le fait infailliblement touchant toutes celles des hommes ; et avant qu'il
nous ait envoyés en ce monde, il a su exactement quelles seraient toutes
les inclinations de notre volonté : c'est lui-même qui les a mises en nous,
c'est lui aussi qui a disposé toutes les autres qui sont hors de nous,
pour faire que tels et tels objets se présentassent à nos sens à tel et tel

corder la liberté de notre volonté avec ses ordonnances, et si nous tâchions de comprendre, c'est-à-dire d'embrasser et comme limiter avec notre entendement, toute l'étendue de notre libre arbitre et l'ordre de la Providence éternelle.

41. Comment on peut accorder notre libre arbitre avec la préordination divine.

Au lieu que nous n'aurons point du tout de peine à nous en délivrer, si nous remarquons que notre pensée est finie, et que la toute-puissance de Dieu, par laquelle il a non seulement connu de toute éternité ce qui est ou qui peut être, mais il l'a aussi voulu, est infinie. Ce qui fait que nous avons bien assez d'intelligence pour connaître clairement et distinctement que cette puissance est en Dieu; mais que nous n'en avons pas assez pour comprendre tellement son étendue que nous puissions savoir comment elle laisse les actions des hommes entièrement libres et indéterminées; et que d'autre côté nous sommes aussi tellement assurés de la liberté et de l'indifférence[1] qui est en nous,

temps, à l'occasion desquels il a su que notre libre arbitre nous déterminerait à telle ou telle chose, et il l'a ainsi voulu, mais il n'a pas voulu pour cela l'y contraindre. » (Lettre VIII, édit. Garnier.)

1. Descartes dans la lettre XLVIII (édit. Garnier), distingue l'*indifférence* qui est le plus bas degré de la liberté et l'*indifférence* dont il parle ici, et qui est toujours le caractère de la liberté. « Pour expliquer encore plus nettement mon opinion, je désire premièrement que l'on remarque que l'*indifférence* me semble signifier proprement cet état dans lequel la volonté se trouve lorsqu'elle n'est point portée par la connaissance de ce qui est vrai ou de ce qui est bon, à suivre un parti plutôt que l'autre; et c'est en ce sens que je l'ai prise quand j'ai dit que le plus bas degré de la liberté consistait à se pouvoir déterminer aux choses auxquelles nous sommes tout à fait indifférents. Mais peut être que par ce mot d'*indifférence* il y en a d'autres qui entendent cette faculté positive que nous avons de nous déterminer à l'un ou à l'autre de deux contraires, c'est-à-dire à poursuivre ou à fuir, à affirmer ou à nier une même chose. Sur quoi j'ai à dire que je n'ai jamais nié que cette faculté positive se trouvât en la volonté; tant s'en faut, j'estime qu'elle s'y rencontre, non seulement toutes les fois qu'elle se détermine à ces sortes d'actions où elle n'est point emportée par le poids d'aucune raison, vers un côté plutôt que vers un autre, mais même qu'elle se trouve mêlée dans toutes ses autres actions : en sorte qu'elle ne se détermine jamais

qu'il n'y a rien que nous connaissions plus clairement ; de
façon que la toute-puissance de Dieu ne nous doit point
empêcher de la croire. Car nous aurions tort de douter de
ce que nous apercevons intérieurement et que nous savons
par expérience être en nous, parce que nous ne comprenons
pas une autre chose que nous savons être incompréhensible
de sa nature[1].

**42. Comment encore que nous ne voulions jamais faillir, c'est néanmoins
par notre volonté que nous faillons.**

Mais, parce que nous savons que l'erreur dépend de notre
volonté, et que personne n'a la volonté de se tromper, on
s'étonnera peut-être qu'il y ait de l'erreur en nos jugements.
Mais il faut remarquer qu'il y a bien de la différence entre
vouloir être trompé et vouloir donner son consentement à
des opinions qui sont cause que nous nous trompons quelquefois. Car encore qu'il n'y ait personne qui veuille express-
sément se méprendre[2], il ne s'en trouve presque pas un qui

qu'elle ne la mette en usage ; jusque-là que, lors même qu'une raison
fort évidente nous porte à une chose, quoique *moralement* parlant il soit
difficile que nous puissions faire le contraire, parlant néanmoins *absolument*, nous le pouvons ; car il nous est toujours libre de nous empêcher de poursuivre un bien qui nous est clairement connu, ou d'admettre
une vérité évidente, pourvu seulement que nous pensions que c'est un
bien de témoigner par là la liberté de notre franc arbitre, etc... »

1. C'est à peu près la solution de Bossuet : Il faut tenir les deux
bouts de la chaîne... Le malheur est que l'union des deux contraires à concilier n'est pas seulement *incompréhensible*, l'un est en pleine contradiction
avec l'autre : et c'est pourquoi tant de philosophes, depuis les stoïciens,
se sont inutilement donné tant de peine pour les mettre d'accord.

2. C'est une difficulté analogue à celle qui a été souvent soulevée à
propos des actions humaines. Il est absolument impossible, comme le
disaient Socrate et Platon, que nous voulions notre mal, que nous soyons
nos propres ennemis. Cependant l'expérience montre que nous faisons
souvent le mal, le connaissant. On répond qu'alors nous ne voulons pas
le mal en tant que tel ; nous choisissons une action, quoiqu'elle soit mauvaise, non parce qu'elle l'est : au moment de choisir nous ne tenons
pas compte du mal, nous en éliminons l'idée, nous faisons comme si nous
l'ignorions. De même, quand nous nous trompons, nous donnons notre
consentement à une idée non parce qu'elle est incomplète ou fausse,
mais parce qu'elle paraît vraie : nous voulons affirmer, non pas nous

ne veuille donner son consentement à des choses qu'il ne connaît pas distinctement : et même il arrive souvent que c'est le désir de connaître la vérité qui fait que ceux qui ne savent pas l'ordre qu'il faut tenir pour la rechercher manquent de la trouver et se trompent, à cause qu'il les incite à précipiter leurs jugements, et à prendre des choses pour vraies, desquelles ils n'ont pas assez de connaissance.

43. Que nous ne saurions faillir en ne jugeant que des choses que nous apercevons clairement et distinctement.

Mais il est certain que nous ne prendrons jamais le faux pour le vrai tant que nous ne jugerons que de ce que nous apercevons clairement et distinctement; parce que Dieu n'étant point trompeur, la faculté de connaître qu'il nous a donnée ne saurait faillir, ni même la faculté de vouloir, lorsque nous ne l'étendons point au delà de ce que nous connaissons. Et quand même cette vérité n'aurait pas été démontrée, nous sommes naturellement si enclins à donner notre consentement aux choses que nous apercevons manifestement, que nous n'en saurions douter[1] pendant que nous les apercevons de la sorte.

44. Que nous ne saurions que mal juger de ce que nous n'apercevons pas clairement, bien que notre jugement puisse être vrai, et que c'est souvent notre mémoire qui nous trompe.

Il est aussi très certain que toutes les fois que nous

tromper. La différence entre les deux cas, est que dans le premier, nous n'ignorons pas le mal, quoique nous feignions de l'ignorer, tandis que dans le second, nous ignorons réellement que l'idée est incomplète ou fausse. Mais cette circonstance n'empêche pas que la volonté puisse intervenir dans l'erreur comme dans le choix des actes. Encore n'ignorons-nous pas toujours, au moment de juger, que notre esprit n'est pas assez éclairé; mais cela n'arrive que rarement, comme le dit Descartes un peu plus loin.

1. Nous n'en saurions douter.... Cette expression ne doit pas être prise au pied de la lettre, si, comme Descartes, on admet que c'est la volonté qui juge et qui juge avec une liberté d'indifférence. Il s'agit sans doute ici d'une impossibilité *morale* et non *absolue*. (Voir le texte cité ci-dessus, p. 78.)

approuvons quelque raison dont nous n'avons pas une connaissance bien exacte, ou que nous nous trompons, ou si nous trouvons la vérité[1], comme ce n'est que par hasard, que nous ne saurions être assurés de l'avoir rencontrée, et ne saurions savoir certainement que nous ne nous trompons point. J'avoue qu'il arrive rarement que nous jugions d'une chose en même temps que nous remarquons que nous ne la connaissons pas assez distinctement; à cause que la raison naturellement nous dicte que nous ne devons jamais juger de rien que de ce que nous connaissons distinctement avant que de juger. Mais nous nous trompons souvent parce que nous présumons avoir autrefois connu plusieurs choses, et que tout aussitôt qu'il nous en souvient nous y donnons notre consentement, de même que si nous les avions suffisamment examinées, bien qu'en effet nous n'en ayons jamais eu une connaissance bien exacte[2].

45. Ce que c'est qu'une perception claire et distincte.

Il y a même des personnes qui en toute leur vie n'aperçoivent rien comme il faut pour en bien juger; car la connaissance sur laquelle on peut établir un jugement indubitable doit être non seulement claire, mais aussi distincte. J'appelle claire celle qui est présente et manifeste à un esprit attentif; de même que nous disons voir clairement les objets lorsque, étant présents à nos yeux, ils agissent assez fort sur eux, et qu'ils sont disposés à les regarder; et distincte, celle qui est tellement précise et différente de toutes les autres, qu'elle ne comprend en soi que ce qui paraît manifestement à celui qui la considère comme il faut[3].

1. Cette connaissance de la vérité, obtenue par hasard, et qui n'est pas fondée sur de sérieuses raisons, est la même chose que Platon appelait l'*opinion vraie*, et qu'il opposait à la *science*.

2. Descartes a signalé dès le début des *Principes* ces jugements précipités que nous avons formés sans réflexion dès l'enfance, et qui tendent à chaque instant à se substituer aux idées vraies.

3. Théorie très importante dans la philosophie de Descartes. Ce n'est pas l'évidence au sens où on l'entend souvent qui est pour Descartes la marque de la vérité : c'est là un terme vague et équivoque, auquel il

46. Qu'elle peut être claire sans être distincte, mais non au contraire.

Par exemple, lorsque quelqu'un sent une douleur cuisante, la connaissance qu'il a de cette douleur est claire à son égard, et n'est pas pour cela toujours distincte, parce qu'il la confond ordinairement avec le faux jugement qu'il fait sur la nature de ce qu'il pense être en la partie blessée, qu'il croit être semblable à l'idée ou au sentiment de la douleur qui est en sa pensée[1], encore qu'il n'aperçoive rien clairement que le sentiment ou la pensée confuse qui est en lui. Ainsi la connaissance peut quelquefois être claire sans être distincte, mais elle ne peut être distincte qu'elle ne soit claire par même moyen.

47. Que pour ôter les préjugés de notre enfance il faut considérer ce qu'il y a de clair en chacune de nos premières notions.

Or, pendant nos première années, notre âme ou notre pensée était si fort offusquée du corps, qu'elle ne connaissait rien distinctement, bien qu'elle aperçût plusieurs choses assez clairement; et parce qu'elle ne laissait pas de faire cependant une réflexion telle quelle sur les choses qui se présentaient, et d'en juger témérairement, nous avons rem-

---

faut substituer la clarté et la distinction. Or il résulte du texte même de Descartes, que l'entendement seul est juge de la distinction des idées : les idées distinctes sont celles que l'esprit ne confond avec aucune autre et dont il aperçoit clairement le contenu. Par suite, les idées de l'entendement sont seules vraies. Leibnitz s'est approprié cette théorie de Descartes : « Les idées des qualités sensibles... sont claires, car on les reconnaît et on les discerne aisément les unes des autres; mais elles ne sont point distinctes, parce qu'on ne distingue pas ce qu'elles renferment. Ainsi on n'en saurait donner la définition. On ne les fait connaître que par des exemples, et au reste il faut dire que c'est un *je ne sais quoi*, jusqu'à ce qu'on en déchiffre la contexture. » (*Nouv. essais sur l'entend. hum.*, II, ch. xxix, 4, p. 240. Édit. Janet.)

1. Descartes distinguait nettement la sensation, ou ce qui se passe dans le cerveau, et les changements mécaniques qui se font dans les organes et sont d'une tout autre nature. Dans une de ses lettres (LIX), il cite l'exemple de ces amputés qui souffrent de grandes douleurs aux doigts ou aux mains qu'ils n'ont plus.

pli notre mémoire de beaucoup de préjugés, dont nous n'entreprenons presque jamais de nous délivrer, encore qu'il soit très certain que nous ne saurions autrement les bien examiner. Mais afin que nous puissions maintenant nous en délivrer sans beaucoup de peine, je ferai ici un dénombrement de toutes les notions simples qui composent nos pensées, et séparerai ce qu'il y a de clair en chacune d'elles, et ce qu'il y a d'obscur ou en quoi nous pouvons faillir.

48. Que tout ce dont nous avons quelque notion est considéré comme une chose ou comme une vérité : et le dénombrement des choses.

Je distingue tout ce qui tombe sous notre connaissance en deux genres : le premier contient toutes les choses qui ont quelque existence, et l'autre toutes les vérités qui ne sont rien hors de notre pensée [1]. Touchant les choses, nous avons premièrement certaines notions générales [2] qui se peuvent rapporter à toutes, à savoir celles que nous avons de la substance, de la durée, de l'ordre et du nombre, et peut-être aussi quelques autres : puis nous en avons aussi de plus particulières, qui servent à les distinguer [3]. Et la principale

1. Les vérités « qui ne sont rien hors de notre pensée », en ce sens qu'elles ne nous représentent pas des réalités actuellement données, sont cependant, selon Descartes, applicables à ces réalités : si elles ne sont pas des *choses*, elles sont les lois des choses. Le temps n'était pas encore venu où l'on se demandait si ces vérités « qui ne sont rien hors de notre pensée » peuvent, à bon droit, s'appliquer à autre chose qu'à des idées.

2. Les notions *générales* qui se rapportent à un grand nombre d'objets doivent être distinguées des notions *communes* ou maximes, ainsi appelées parce qu'elles sont ou peuvent être présentes à l'esprit de tous les hommes.

3. Si les notions générales ont besoin d'être *distinguées* par les notions particulières, si, en d'autres termes, elles ne sont pas par elles-mêmes *distinctes*, de quel droit Descartes les regarde-t-il comme correspondant à des choses réelles? Il dira plus loin (§ 52) que, pour savoir qu'une substance existe, il faut qu'elle ait quelques attributs que nous puissions remarquer. Pourquoi donc la substance, l'ordre, la durée, le nombre, ne sont-ils pas comme les universaux des choses qui n'existent que dans notre pensée? Pourquoi Descartes en fait-il ici des connaissances de choses? Il y a, dans toute cette théorie, avec de l'obscurité, bien de la difficulté.

distinction que je remarque entre toutes les choses créées est que les unes sont intellectuelles, c'est-à-dire sont des substances intelligentes, ou bien des propriétés qui appartiennent à ces substances; et les autres sont corporelles, c'est-à-dire sont des corps, ou bien des propriétés qui appartiennent au corps. Ainsi l'entendement, la volonté, et toutes les façons de connaître et de vouloir, appartiennent à la substance qui pense; la grandeur, ou l'étendue en longueur, largeur et profondeur, la figure, le mouvement, la situation des parties et la disposition qu'elles ont à être divisées, et telles autres propriétés, se rapportent au corps. Il y a encore outre cela certaines choses que nous expérimentons en nous-mêmes qui ne doivent pas être attribuées à l'âme seule, ni aussi au corps seul, mais à l'étroite union qui est entre eux, ainsi que j'expliquerai ci-après : tels sont les appétits de boire et de manger, etc., comme aussi les émotions et les passions de l'âme, qui ne dépendent que de la pensée seule, comme l'émotion à la colère, à la joie, à la tristesse, à l'amour, etc.; tels sont, enfin tous les sentiments, comme la douleur, le chatouillement, la lumière, les couleurs, les sons, les odeurs, le goût, la chaleur, la dureté, et toutes les autres qualités qui ne tombent que sous le sens de l'attouchement.

49. Que les vérités ne peuvent ainsi être dénombrées, et qu'il n'en est pas besoin.

Jusques ici j'ai dénombré tout ce que nous connaissons comme des choses, il reste à parler de ce que nous connaissons comme des vérités. Par exemple, lorsque nous pensons qu'on ne saurait faire quelque chose de rien [1], nous ne croyons point que cette proposition soit une chose qui existe ou la propriété de quelque chose, mais nous la prenons pour une certaine vérité éternelle qui a son siège en notre pensée, et que l'on nomme une notion commune ou une maxime : tout de même quand on dit qu'il est impossible qu'une même chose soit et ne soit pas en même temps, que ce qui a été fait

1. Cette formule du principe de causalité a été critiquée avec force par David Hume. (*Traité de la nature humaine*, III, III.)

ne peut n'être pas fait, que celui qui pense ne peut manquer d'être ou d'exister pendant qu'il pense, et quantité d'autres semblables, ce sont seulement des vérités, et non pas des choses qui soient hors de notre pensée, et il y en a un si grand nombre de telles qu'il serait malaisé de les dénombrer[1] ; mais aussi n'est-il pas nécessaire, parce que nous ne saurions manquer de les savoir lorsque l'occasion se présente de penser à elles, et que[2] nous n'avons point de préjugés qui nous aveuglent.

50. Que toutes ces vérités peuvent être clairement aperçues mais non pas de tous, à cause des préjugés.

Pour ce qui est des vérités qu'on nomme des notions communes, il est certain qu'elles peuvent être connues de plusieurs très clairement et très distinctement ; car autrement elles ne mériteraient pas d'avoir ce nom : mais il est vrai aussi qu'il y en a qui le méritent au regard de quelques personnes, et qui ne le méritent point au regard des autres à cause qu'elles ne leur sont pas assez évidentes. Non pas que je croie que la faculté de connaître qui est en quelques hommes s'étende plus loin que celle qui est communément en tous[3] ;

1. Il n'y en a peut-être pas un aussi grand nombre que le pense Descartes : on sait comment Leibnitz a essayé de réduire à deux toutes les vérités premières. Il est peut-être malaisé d'en faire le dénombrement exact ; mais c'est une tâche à laquelle les métaphysiciens ont peut-être le devoir de ne pas se dérober. Ici, comme quand il s'agit de l'idée de l'infini, Descartes n'insiste pas : il craint de « s'embarrasser dans des difficultés ». Au fond, les questions de pure métaphysique ne l'intéressent pas ; il n'en dit que ce qui lui semble indispensable : il a hâte d'arriver aux applications de sa méthode à la physique et à la médecine. On sait quelle importance ces mêmes questions, que Descartes indique ici en passant, devaient prendre plus tard : Hume signalera le premier des différences entre les propositions que Descartes jette ici pêle-mêle, et Kant en tirera la distinction, si grosse de conséquences, des jugements analytiques et des jugements synthétiques.

2. Il faut avoir soin d'entendre, que cette phrase mal construite, signifie : *lorsque* nous n'avons pas de préjugés....

3. C'est la théorie que Descartes soutient au début du *Discours de la Méthode* : la raison est égale chez tous les hommes ; les différences entre les esprits proviennent de l'usage qu'ils en font.

mais c'est plutôt qu'il y a des personnes qui ont imprimé de longue main des opinions en leur créance, qui étant contraires à quelques-unes de ces vérités, empêchent qu'ils ne les puissent apercevoir, bien qu'elles soient fort manifestes à ceux qui ne sont point ainsi préoccupés [1].

51. Ce que c'est que la substance; et que c'est un nom qu'on ne peut attribuer à Dieu et aux créatures en même sens.

Pour ce qui est des choses que nous considérons comme ayant quelque existence, il est besoin que nous les examinions ici l'une après l'autre, afin de distinguer ce qui est obscur d'avec ce qui est évident en la notion que nous avons de chacune. Lorsque nous concevons la substance, nous concevons seulement une chose qui existe en telle façon qu'elle n'a besoin que de soi-même pour exister. En quoi il peut y avoir de l'obscurité touchant l'explication de ce mot, *n'avoir besoin que de soi-même ;* car, à proprement parler, il n'y a que Dieu qui soit tel, et il n'y a aucune chose créée qui puisse exister un seul moment sans être soutenue et conservée par sa puissance [2]. C'est pourquoi on a raison dans l'école de dire que le nom de substance n'est pas *univoque* au regard de Dieu et des créatures, c'est-à-dire qu'il n'y a aucune signification de ce mot que nous concevions distinctement,

1. Si les notions communes peuvent ainsi être obscurcies en certains esprits, c'était, semble-t-il, une raison de plus d'en dresser la liste exacte, surtout dans un chapitre où Descartes, afin que nous puissions nous délivrer de nos préjugés, a annoncé l'intention de « séparer ce qu'il y a de clair et ce qu'il y a d'obscur en chacune de nos notions simples » (47). Pourquoi ne fait-il pas, pour les vérités, le même travail qu'il va faire pour les idées de choses?

2. C'est une croyance commune à Descartes et aux scolastiques que rien de créé ne peut subsister sans le concours actuel de Dieu. Et cette proposition se démontre par cette considération, que les parties du temps sont indépendantes les unes à l'égard des autres; si, en raison de cette indépendance, à chaque moment, ce qui existe peut cesser d'exister, pour en expliquer la durée, il faut une cause qui le conserve, il faut que la création soit *continuée*. (*Rép. aux VI*ᵉˢ *Object.*, 35). « Il ne faut point douter que, si Dieu retirait une fois son concours, toutes les choses qu'il a créées retourneraient aussitôt dans le néant, pour ce qu'avant qu'elles fussent créées, et qu'il leur prêtât son concours, elles n'étaient qu'un néant. » (*Lettre, LXII*, 7, édit. Garnier.)

laquelle convienne en même sens à lui et à elles[1] : mais parce qu'entre les choses créées quelques-unes sont de telle nature qu'elles ne peuvent exister sans quelques autres, nous les distinguons d'avec celles qui n'ont besoin que du concours ordinaire de Dieu, en nommant celle-ci des substances[2], et celles-là des qualités ou des attributs de ces substances.

52. Qu'il peut être attribué à l'âme et au corps en même sens, et comment on connaît la substance.

Et la notion que nous avons ainsi de la substance créée se rapporte en même façon à toutes, c'est-à-dire à celles qui sont immatérielles comme à celles qui sont matérielles ou corporelles[3] ; car, pour entendre que ce sont des substances, il faut seulement que nous apercevions qu'elles peuvent exister sans l'aide d'aucune chose créée. Mais lorsqu'il est question de savoir si quelqu'une de ces substances existe véritablement, c'est-à-dire si elle est à présent dans le monde, ce n'est pas assez qu'elle existe en cette façon pour faire que nous l'apercevions : car cela seul ne nous découvre rien qui excite quelque connaissance particulière en notre pensée, il faut outre cela qu'elle ait

1. Si le mot *substance* appliqué aux créatures n'a aucune signification commune avec ce même mot appliqué à Dieu, pourquoi employer le même mot avec des significations si diverses? C'était, comme de gaieté de cœur, préparer des équivoques; elles n'ont pas manqué de se produire. Spinoza ne donnera au mot *substance* qu'une seule et même signification, et c'est ce qui l'amènera à dire qu'il n'y a qu'une seule substance. Leibnitz aura le droit de dire que le spinozisme n'est qu'un cartésianisme immodéré.

2. En d'autres termes, Descartes appelle substances des choses créées, parce qu'elles présentent une analogie fort lointaine avec la substance divine; mais cette analogie recouvre une différence profonde. Après lui, on ne prendra garde qu'à l'analogie, et on oubliera la différence : et c'est ainsi qu'on confondra le monde et Dieu.

3. Si notre notion de la substance créée se rapporte en même façon à toutes, aux substances immatérielles aussi bien qu'aux matérielles, est-il beaucoup plus difficile de concevoir qu'une même substance possède les qualités que nous attribuons à l'âme et au corps? C'est ce que dira Spinoza. C'est ici, plus que partout ailleurs, que le cartésianisme côtoie le spinozisme.

quelques attributs que nous puissions remarquer; et il n'y en a aucun qui ne suffise pour cet effet[1], à cause que l'une de nos notions communes est que le néant ne peut avoir aucuns attributs, ni propriétés ou qualités : c'est pourquoi, lorsqu'on en rencontre quelqu'un, on a raison de conclure qu'il est l'attribut de quelque substance, et que cette substance existe.

1. En d'autres termes, nous ne connaissons pas directement la substance; nous ne l'apercevons qu'à travers les attributs, la seule chose dont nous ayons une idée distincte; nous ne l'atteignons que par l'intermédiaire de ce principe : *le néant ne peut avoir d'attributs*. Mais si la substance en elle-même nous est inaccessible, si elle n'est que le sujet inconnu d'attributs connus, de quel droit conclure de la diversité irréductible des attributs (pensée, étendue) à la diversité des substances? Si cette conclusion est légitime, c'est que les attributs et les substances ne font qu'un; s'ils diffèrent, la conclusion n'est pas légitime. Spinoza distinguera la substance et ses attributs, mais il ne verra qu'une substance là où Descartes en aperçoit deux. — D'autre part, si c'est grâce à ce principe : *le néant ne peut avoir d'attributs*, que se fait le passage des attributs à la substance, il est regrettable que Descartes n'ait pas attaché plus d'importance à ces vérités ou notions communes sur lesquelles repose, en définitive, toute la métaphysique. Il y a en effet ici une difficulté. Rien de plus évident que ce principe : le néant n'a pas d'attributs. Mais c'est une simple tautologie; dès l'instant qu'on appelle certaines choses des *attributs*, il est trop clair qu'elles ne sont pas les attributs de rien. En les nommant ainsi, on les rapporte à une substance : mais de quel droit les nomme-t-on ainsi? d'où sait-on qu'elles sont des *attributs?* Descartes répond que c'est parce qu'on ne peut les concevoir en elles-mêmes, isolées de toute substance; mais c'est répondre à la question par la question; c'est admettre, en effet, que tout ce qui est pensé est ou substance, ou attribut. Mais cela même est-il certain? Il se trouvera des esprits exigeants pour en douter. Ils feront remarquer qu'on peut avoir l'idée d'une chose, disons plutôt d'une *donnée*, par exemple, de la pensée ou de l'étendue, sans se prononcer sur la question de savoir si c'est une substance ou un attribut. Si donc on la proclame substance ou attribut, on lui ajoute une détermination qu'elle ne contient pas, comme nous dirions aujourd'hui, analytiquement, et qu'on peut par suite lui refuser sans se contredire. Si on l'accorde, il faut dire pourquoi; il faut justifier l'emploi de ce principe : toute chose est substance ou qualité; et c'est ce que Descartes n'a point fait. — Ajoutons que si, d'après Descartes, l'unique raison d'appeler une chose *attribut* est qu'elle ne se conçoit pas sans une autre, les substances non plus ne se conçoivent pas, du moins distinctement, sans leurs attributs, puisqu'elles ne sont connues que par eux. Nous ne concevons pas plus les substances sans leurs attributs que les attributs sans les substances.

53. Que chaque substance a un attribut principal, et que celui de l'âme est la pensée, comme l'extension est celui du corps.

Mais encore que tout attribut soit suffisant pour faire connaître la substance, il y en a toutefois un en chacune qui constitue sa nature et son essence[1], et de qui tous les autres dépendent. A savoir l'étendue en longueur, largeur et profondeur, constitue la nature de la substance corporelle ;, et la pensée constitue la nature de la substance qui pense. Car tout ce que d'ailleurs on peut attribuer au corps présuppose de l'étendue, et n'est qu'une dépendance de ce qui est étendu ; de même, toutes les propriétés que nous trouvons en la chose qui pense ne sont que des façons différentes de penser. Ainsi nous ne saurions concevoir, par exemple, de figure, si ce n'est en une chose étendue, ni de mouvement qu'en un espace qui est étendu ; ainsi l'imagination, le sentiment et la volonté dépendent tellement d'une chose qui pense que nous ne les pouvons concevoir sans elle. Mais, au contraire, nous pouvons concevoir l'étendue sans figure ou sans mouvement ; et la chose qui pense sans imagination ou sans sentiment, et ainsi du reste[2].

54. Comment nous pouvons avoir des pensées distinctes de la substance qui pense, de celle qui est corporelle, et de Dieu.

Nous pouvons donc avoir deux notions ou idées claires et distinctes, l'une d'une substance créée qui pense, et l'autre

1. Si c'est un attribut qui constitue la nature et l'essence de la substance, à quoi sert la substance? Si la pensée est l'essence de la substance pensante, que savons-nous de plus quand nous prononçons les mots : *substance pensante*, que quand nous disons : *pensée?* L'idée de substance ainsi définie est visiblement une superfétation. — Voir plus loin le paragraphe 63, où Descartes lui-même semble ne plus faire de différence entre la pensée et la substance pensante, entre l'étendue et la substance étendue.

2. Que nous puissions concevoir la chose qui pense sans imagination ou sans sentiment, rien de plus certain ; mais pouvons-nous la concevoir sans aucune pensée, sans aucune détermination actuelle? C'est un point sur lequel nombre de philosophes se prononcent autrement que Descartes, et qui mériterait discussion.

d'une substance étendue, pourvu que nous séparions soigneusement tous les attributs de la pensée d'avec les attributs de l'étendue[1]. Nous pouvons avoir aussi une idée claire et distincte d'une substance incréée qui pense et qui est indépendante, c'est-à-dire d'un Dieu, pourvu que nous ne pensions pas que cette idée nous représente tout ce qui est en lui, et que nous n'y mêlions rien par une fiction de notre entendement[2]; mais que nous prenions garde seulement à ce qui est compris véritablement en la notion distincte que nous avons de lui et que nous savons appartenir à la nature d'un être tout parfait. Car il n'y a personne qui puisse nier qu'une telle idée de Dieu soit en nous, s'il ne veut croire sans raison que l'entendement humain ne saurait avoir aucune connaissance de la Divinité.

55. Comment nous en pouvons aussi avoir de la durée, de l'ordre et du nombre.

Nous concevons aussi très distinctement ce que c'est que la durée, l'ordre et le nombre, si, au lieu de mêler dans l'idée que nous en avons ce qui appartient proprement à l'idée de la substance, nous pensons seulement que la durée de chaque chose est un mode ou une façon dont nous considérons[3] cette chose en tant qu'elle continue d'être; et

1. Cette distinction constante des attributs de la pensée et de ceux de l'étendue, en d'autres termes, des faits de conscience, d'une part, et de l'autre, de la figure et de l'étendue, est certainement la partie la plus solide de toute cette théorie de Descartes. A l'exception de quelques matérialistes mal informés ou mal éclairés, personne ne conteste l'irréductibilité de la pensée au mouvement et du mouvement à la pensée. La plupart des philosophes modernes, même ceux qui sont, en toute autre chose, les plus opposés à Descartes, sont d'accord avec lui sur ce point. — Voir, entre autres, Taine, *De l'intelligence*, 1re part., IV, 2, 1.

2. Le mot *entendement* est sans doute pris ici dans toute la généralité; il signifie l'intelligence tout entière. La fiction doit plutôt se rapporter à l'*imagination*.

3. On pourrait être tenté de croire, d'après cette expression, que la durée n'existe, comme d'autres qualités des choses, que dans notre esprit. Mais il ne faut pas prendre ce mot au pied de la lettre. Descartes estime que la durée est une propriété réelle des choses; il est en cela réaliste, non idéaliste. Seulement, il n'admet pas (à moins qu'on ne mêle

que pareillement l'ordre et le nombre ne diffèrent pas en effet des choses ordonnées et nombrées, mais que ce sont seulement des façons sous lesquelles nous considérons diversement ces choses.

56. Ce que c'est que qualité et attribut, et façon ou mode.

Lorsque je dis ici façon ou mode, je n'entends rien que ce que je nomme ailleurs attribut ou qualité. Mais lorsque je considère que la substance en est autrement disposée ou diversifiée, je me sers particulièrement du nom de mode ou façon; et lorsque, de cette disposition ou changement, elle peut être appelée telle, je nomme qualités les diverses façons qui font qu'elle est ainsi nommée; enfin, lorsque je pense plus généralement que ces modes ou qualités sont en la substance, sans les considérer autrement que comme les dépendances de cette substance, je les nomme attributs. Et, parce que je ne dois concevoir en Dieu aucune variété ni changement, je ne dis pas qu'il y ait en lui des modes ou des qualités, mais plutôt des attributs; et même dans les choses créées, ce qui se trouve en elles toujours de même sorte, comme l'existence et la durée en la chose qui existe et qui dure, je le nomme attribut, et non pas mode ou qualité.

57. Qu'il y a des attributs qui appartiennent aux choses auxquelles ils sont attribués, et d'autres qui dépendent de notre pensée.

De ces qualités ou attributs il y en a quelques-uns qui sont dans les choses mêmes, et d'autres qui ne sont qu'en notre pensée; ainsi, par exemple, le temps, que nous distinguons de la durée prise en général, et que nous disons être la mesure du mouvement[1], n'est rien qu'une certaine

à la durée l'idée de substance) que la durée existe par elle-même, indépendamment des choses qui durent, à la façon des idées de Platon; qu'elle soit, comme nous disons aujourd'hui, une chose en soi : elle n'est qu'une qualité, ou plutôt un attribut des choses.

1. C'est à Aristote qu'est empruntée cette définition du temps : le temps est la mesure du mouvement, sous le rapport de l'avant et de l'après (*Phys.*, IV, 10, 11). On ne peut, suivant ce philosophe, concevoir le

façon dont nous pensons à cette durée, car nous ne concevons point que la durée des choses qui sont mues soit autre que celle des choses qui ne le sont point[1] : comme il est évident de ce que si deux corps sont mus pendant une heure, l'un vite et l'autre lentement, nous ne comptons pas plus de temps en l'un qu'en l'autre, encore que nous supposions plus de mouvement en l'un de ces deux corps. Mais afin de comprendre la durée de toutes les choses sous une même mesure, nous nous servons ordinairement de la durée de certains mouvements réguliers qui sont les jours et les années, et la nommons temps, après l'avoir ainsi comparée; bien qu'en effet ce que nous nommons ainsi ne soit rien, hors de la véritable durée des choses, qu'une façon de penser[2].

58. Que les nombres et les universaux dépendent de notre pensée.

De même le nombre que nous considérons en général, sans faire réflexion sur aucune chose créée, n'est point hors de notre pensée[3], non plus que toutes ces autres idées

temps sans le mouvement; il est pourtant autre chose que le mouvement car le mouvement est tantôt plus rapide, tantôt plus lent, tandis que le temps suit un cours toujours égal.

1. A parler strictement, puisque la durée est une propriété intrinsèque, un attribut des choses, il y a, en réalité, autant de durées diverses que de choses; mais nous faisons abstraction des choses, nous ne considérons que leur durée, oubliant leurs natures distinctes, et cette idée de la durée, ainsi isolée, est la même pour toutes. Toutes les durées étant ainsi rapprochées et comme fondues dans une même idée, nous pouvons les comparer entre elles et choisir une unité, la durée de certains mouvements réguliers, qui servira à les mesurer : c'est ce qu'on appelle le temps.

2. Ainsi, pour Descartes, comme plus tard pour Leibnitz et Kant, le *temps* n'existe pas hors de nous, en soi : il n'est qu'une façon de penser. Mais la théorie de Descartes diffère de celle des deux autres philosophes en ce que le temps, cette façon de penser, correspond à une qualité réellement existante, la durée; il n'y a rien de semblable chez Kant, et ce qui, chez Leibnitz, correspond dans les choses à l'idée du temps, n'est pas une qualité analogue au temps, comme la durée, mais un *ordre*. — Descartes soutient, à propos de l'espace, la même théorie : l'espace n'est qu'une façon de penser, il n'existe pas réellement; l'étendue seule existe. (*Princ.*, II, 12.)

3. Le nombre, pris en général, n'a, comme le temps, d'existence que

générales que dans l'école on comprend sous le nom d'universaux.

50. Quels sont les universaux.

Qui se font de cela seul que nous nous servons d'une même idée pour penser à plusieurs choses particulières qui ont entre elles un certain rapport. Et lorsque nous comprenons sous un même nom les choses qui sont représentées par cette idée, ce nom est aussi universel. Par exemple, quand nous voyons deux pierres et que, sans penser autrement à ce qui est de leur nature, nous remarquons seulement qu'il y en a deux, nous formons en nous l'idée d'un certain nombre que nous nommons le nombre de deux. Si, voyant ensuite deux oiseaux ou deux arbres, nous remarquons (sans penser aussi à ce qui est de leur nature) qu'il y en a deux, nous reprenons par ce même moyen la même idée que nous avions auparavant formée, et la rendons universelle, et le nombre aussi que nous nommons d'un nom universel le nombre de deux. De même, lorsque nous considérons une figure de trois côtés, nous formons une certaine idée que nous nommons l'idée du triangle, et nous nous en servons ensuite à nous représenter généralement toutes les figures qui n'ont que trois côtés. Mais quand nous remarquons plus particulièrement que, des figures de trois côtés, les unes ont un angle droit et que les autres n'en ont point, nous formons en nous une idée universelle du triangle rectangle, qui, étant rapportée à la précédente qui est générale et plus universelle, peut être nommée espèce; et l'angle droit, la différence universelle par où les triangles rectangles diffèrent de tous les autres; de plus, si nous remarquons que le carré du côté qui soutient l'angle droit est égal aux carrés des deux autres côtés, et que cette propriété convient seulement à cette espèce de triangles, nous la pourrons nommer propriété universelle des triangles rectangles. Enfin, si nous supposons que de ces triangles les uns se

dans notre pensée, mais, comme le temps aussi, il correspond à quelque chose de réel hors de nous, savoir la distinction qui est dans les choses. (V. § 60.)

meuvent et que les autres ne se meuvent point, nous prendrons cela pour un accident universel en ces triangles; et c'est ainsi qu'on compte ordinairement cinq universaux, à savoir le genre, l'espèce, la différence, le propre et l'accident[1].

60. Des distinctions, et premièrement de celle qui est réelle.

Pour ce qui est du nombre que nous remarquons dans les choses mêmes, il vient de la distinction qui est entre elles : or il y a des distinctions de trois sortes; à savoir, une qui est réelle, une autre modale, et une autre qu'on appelle distinction de raison, et qui se fait par la pensée. La réelle se trouve proprement entre deux ou plusieurs substances. Car nous pouvons conclure que deux substances sont réellement distinctes l'une de l'autre de cela seul que nous en pouvons concevoir une clairement et distinctement sans penser à l'autre; parce que, suivant ce que nous connaissons de Dieu, nous sommes assurés qu'il peut faire tout ce dont nous avons une idée claire et distincte. C'est pourquoi, de ce que nous avons maintenant l'idée, par exemple, d'une substance étendue ou corporelle, bien que nous ne sachions pas encore certainement si une telle chose est à présent dans le monde, néanmoins, parce que nous en avons l'idée, nous pouvons conclure qu'elle peut être, et qu'en cas qu'elle existe, quelque partie que nous puissions déterminer par la pensée doit être distincte réellement de ses autres parties. De même, parce qu'un chacun de nous aperçoit en soi qu'il pense, et qu'il peut en pensant exclure de soi ou de son âme toute autre substance ou qui pense ou qui est étendue, nous pouvons conclure aussi qu'un chacun de nous

---

1. En d'autres termes, dans la fameuse querelle soulevée entre les réalistes et les nominalistes, Descartes prend parti pour ces derniers, ou plus exactement, il est conceptualiste, puisqu'il ne regarde les universaux que comme des façons de penser. C'est un point sur lequel Spinoza sera d'accord avec lui. (*Éthique*, part. II, pr. 40.) — Il faut remarquer cependant que si Descartes se rapproche ici des nominalistes, il est en complète opposition avec eux sur des questions essentielles; sa doctrine de la substance et sa démonstration de l'existence de Dieu, celle surtout qui reproduit l'argument de saint Anselme, sont du plus pur réalisme.

ainsi considéré est réellement distinct de toute autre substance qui pense, et de toute substance corporelle. Et quand
Dieu même joindrait si étroitement un corps à une âme
qu'il fût impossible de les unir davantage, et ferait un
composé de ces deux substances ainsi unies[1], nous concevons aussi qu'elles demeureraient toutes deux réellement
distinctes, nonobstant cette union; parce que, quelque
liaison que Dieu ait mise entre elles, il n'a pu se défaire de
la puissance qu'il avait de les séparer, ou bien de les
conserver l'une sans l'autre, et que les choses que Dieu peut
séparer ou conserver séparément les unes des autres sont'
réellement distinctes.

61. De la distinction modale.

Il y a deux sortes de distiction modale, à savoir, l'une
entre le mode que nous avons appelé façon et la substance
dont il dépend et qu'il diversifie; et l'autre entre deux différentes façons d'une même substance. La première est remarquable en ce que nous pouvons apercevoir clairement la
substance sans la façon qui diffère d'elle en cette sorte; mais
que réciproquement nous ne pouvons avoir une idée dis-

1. Si Descartes, plus peut-être que tout autre philosophe, a insisté sur
la distinction de l'âme et du corps, il ne faut pas oublier, comme peut-
être on l'a fait trop souvent, que selon lui, il y a entre les deux substances
un lien étroit, une *union substantielle*, et qu'elles forment, dans la vie
présente, un tout inséparable. Descartes n'admet pas que l'homme soit
seulement « un esprit qui se sert d'un corps », ou que l'âme soit comme
un pilote en son navire : « Je ne pense pas que, pour montrer qu'une
chose est réellement distincte d'une autre, on puisse rien dire de moins,
sinon que, par la toute-puissance de Dieu, elle en peut être séparée ; et
il m'a semblé que j'avais pris garde assez soigneusement à ce que personne ne pût pour cela penser que *l'homme n'est rien qu'un esprit usant
ou se servant du corps*. Car, même dans cette sixième méditation où j'ai
parlé de la distinction de l'esprit d'avec le corps, j'ai aussi montré qu'il
lui est substantiellement uni, et pour le prouver, je me suis servi de raisons qui sont telles que je n'ai point souvenance d'en avoir jamais lues
ailleurs de plus fortes et convaincantes. » (*Rép. aux IV*ᵉˢ *object.*, 27.) —
« Je ne suis pas seulement logé dans mon corps ainsi qu'un pilote en
son navire, mais outre cela, je lui suis conjoint très étroitement, et tellement confondu et mêlé que je compose comme un seul tout avec lui. »
(*VIᵉ Médit.*, 12.)

tincte d'une telle façon sans penser à une telle substance.
Il y a, par exemple, une distinction modale entre la figure
ou le mouvement et la substance corporelle dont ils dépendent tous deux ; il y en a aussi entre assurer ou se ressou-
venir et la chose qui pense. Pour l'autre sorte de distinction,
qui est entre deux différentes façons d'une même substance,
elle est remarquable en ce que nous pouvons connaître
l'une de ces façons sans l'autre, comme la figure sans
le mouvement, et le mouvement sans la figure ; mais que
nous ne pouvons penser distinctement ni à l'une ni à l'autre
que nous ne sachions qu'elles dépendent toutes deux d'une
même substance. Par exemple si une pierre est mue, et avec
cela carrée, nous pouvons connaître sa figure carrée sans
savoir qu'elle soit mue, et réciproquement nous pouvons
savoir qu'elle est mue sans savoir si elle est carrée ; mais
nous ne pouvons avoir une connaissance distincte de ce
mouvement et de cette figure si nous ne connaissons qu'ils
sont tous deux en une même chose, à savoir en la substance
de cette pierre. Pour ce qui est de la distinction dont la
façon d'une substance est différente d'une autre substance
ou bien de la façon d'une autre substance, comme le mouvement d'un corps est différent d'un autre corps ou d'une
chose qui pense, ou bien comme le mouvement est différent
du doute, il me semble qu'on la doit nommer réelle plutôt
que modale, à cause que nous ne saurions connaître les
modes sans les substances dont ils dépendent, et que les
substances sont réellement distinctes les unes des autres.

62. De la distinction qui se fait par la pensée.

Enfin, la distinction qui se fait par la pensée consiste en
ce que nous distinguons quelquefois une substance de quelqu'un de ses attributs sans lequel néanmoins il n'est pas
possible que nous en ayons une connaissance distincte ; ou
bien en ce que nous tâchons de séparer d'une même substance deux tels attributs, en pensant à l'un sans penser à
l'autre. Cette distinction est remarquable en ce que nous
ne saurions avoir une idée claire et distincte d'une telle
substance si nous lui ôtons un tel attribut ; ou bien en ce

que nous ne saurions avoir une idée claire et distincte de
l'un de deux ou plusieurs tels attributs si nous le séparons
des autres. Par exemple, à cause qu'il n'y a point de substance qui ne cesse d'exister lorsqu'elle cesse de durer, la
durée n'est distincte de la substance que par la pensée; et
généralement tous les attributs qui font que nous avons des
pensées diverses d'une même chose, tels que sont par
exemple l'étendue du corps et sa propriété d'être divisible
en plusieurs parties, ne diffèrent du corps qui nous sert
d'objet, et réciproquement l'un de l'autre, qu'à cause que
nous pensons quelquefois confusément à l'un sans penser à
l'autre. Il me souvient d'avoir mêlé la distinction qui se fait
par la pensée avec la modale, sur la fin des réponses que
j'ai faites aux premières objections qui m'ont été envoyées
sur les Méditations de ma métaphysique[1]; mais cela ne
répugne point à ce que j'écris ici, parce que, n'ayant pas
dessein de traiter pour lors fort amplement de cette matière,
il me suffisait de les distinguer toutes deux de la réelle.

63. Comment on peut avoir des notions distinctes de l'extension et de
   la pensée, en tant que l'une constitue la nature du corps, et l'autre
   celle de l'âme.

Nous pouvons aussi considérer la pensée et l'étendue
comme les choses principales qui constituent la nature de
la substance intelligente et corporelle; et alors nous ne
devons point les concevoir autrement que comme la substance même qui pense et qui est étendue[2], c'est-à-dire
comme l'âme et le corps; car nous les connaissons en cette
sorte très clairement et très distinctement. Il est même plus
aisé de connaître une substance qui pense ou une substance
étendue que la substance toute seule, laissant à part si elle

1. Voy. *Rép. aux I*ʳᵉˢ *Object.*, 13.
2. Si l'on peut considérer la pensée et l'étendue comme la substance
même qui pense et qui est étendue, à quoi bon parler de la substance,
dont nous ne pouvons d'ailleurs nous faire aucune idée distincte sans la
pensée et l'étendue? Ce ne sont pas seulement les *choses principales* qui
constituent la nature de la substance intelligente et corporelle, puisque
Descartes définit ailleurs l'âme une substance dont *toute* la nature n'est
que de penser (VIᵉ *Médit.*, 8). Il y aurait donc, ce semble, tout profit à
laisser de côté ce mot de substance.

pense ou si elle est étendue ; parce qu'il y a quelque difficulté à séparer la notion que nous avons de la substance
de celle que nous avons de la pensée et de l'étendue[1] : car
elles ne diffèrent de la substance que par cela seul que nous
considérons quelquefois la pensée ou l'étendue sans faire
réflexion sur la chose même qui pense ou qui est étendue.
Et notre conception n'est pas plus distincte parce qu'elle
comprend peu de choses[2], mais parce que nous discernons
soigneusement ce qu'elle comprend, et que nous prenons
garde à ne le point confondre avec d'autres notions qui la
rendraient plus obscure.

64. Comment on peut aussi les concevoir distinctement en les prenant pour des modes ou attributs de ces substances.

Nous pouvons considérer aussi la pensée et l'étendue
comme des modes ou des façons différentes qui se trouvent
en la substance ; c'est-à-dire que lorsque nous considérons
qu'une même âme peut avoir plusieurs diverses pensées
et qu'un même corps avec sa même grandeur peut être
étendu en plusieurs façons, tantôt plus en longueur et
moins en largeur ou en profondeur, et quelquefois au contraire plus en largeur et moins en longueur ; et que nous
ne distinguons la pensée et l'étendue de ce qui pense et
de ce qui est étendu que comme les dépendances d'une
chose, de la chose même dont elles dépendent ; nous les
connaissons aussi clairement et aussi distinctement que leurs
substances, pourvu que nous ne pensions point qu'elles subsistent d'elles-mêmes, mais qu'elles sont seulement des
façons ou des dépendances de quelques substances. Car,
quand nous les considérons comme les propriétés des sub-

---

1. Cette impossibilité de définir la substance en elle-même, indépendamment des manières d'être qui en constituent la nature, est le point faible
de toute cette théorie de Descartes. Leibnitz refusera aussi de considérer
la pensée et l'étendue comme des substances ; mais au moins il définira
cette substance que l'une et l'autre supposent, il l'appellera la force. Par
là, il est certainement en progrès sur son illustre devancier.

2. En d'autres termes, Descartes ne croit pas qu'une idée soit d'autant
plus vraie qu'elle est plus générale et plus abstraite : l'idée générale de
l'être sans aucune détermination, est la plus vide de toutes, et c'est
pourquoi Descartes refuse de définir la substance.

stances dont elles dépendent, nous les distinguons aisément
de ces substances, et les prenons pour telles qu'elles sont
véritablement : au lieu que si nous voulions les considérer
sans substance, cela pourrait être cause que nous les pren-
drions pour des choses qui subsistent d'elles-mêmes; en
sorte que nous confondrions l'idée que nous devons avoir
de la substance avec celle que nous pouvons avoir de ses
propriétés.

05. Comment on conçoit aussi leurs diverses propriétés ou attributs.

Nous pouvons aussi concevoir fort distinctement plusieurs
diverses façons de penser, comme entendre, vouloir, imaginer, etc.; et plusieurs diverses façons d'étendue, ou qui
appartiennent à l'étendue, comme généralement toutes les
figures, la situation des parties et leurs mouvements, pourvu
que nous les considérions simplement comme les dépendances des substances où elles sont; et quant à ce qui est
du mouvement, pourvu que nous pensions seulement à celui
qui se fait d'un lieu en un autre, sans rechercher la force
qui le produit, laquelle toutefois j'essayerai de faire connaître
lorsqu'il en sera temps[1].

---

1. La seule force qui produise le mouvement, selon Descartes, est l'action
créatrice de Dieu : Dieu a donné le mouvement au monde ; le mouvement s'y conserve en quantité toujours égale ; et s'il se répartit diversement, d'après des lois invariables, entre les différentes parties de la
matière, il n'y a jamais lieu de tenir compte, dans l'explication des phénomènes naturels, d'une *force* qui serait distincte du mouvement, et le
produirait. Descartes, en d'autres termes, est exclusivement mécaniste : la
notion de force ne tient aucune place dans sa philosophie. Sur ce point,
Leibnitz se séparera de lui. « Ayant tâché, dit Leibnitz, d'approfondir les
principes mêmes de la mécanique, pour rendre raison des lois de la nature que l'expérience faisait connaître, je m'aperçus que la seule considération d'une masse étendue ne suffisait pas, et qu'il fallait employer
encore la notion de la force, qui est très intelligible quoiqu'elle soit du
ressort de là métaphysique. » (*Syst. nouveau de la nature*, Ej. Erdm. 124.)
Et ailleurs : « Il y a dans la matière quelque autre chose que ce qui est
purement géométrique, c'est-à-dire que l'étendue et son changement
tout nu. Et à le bien considérer, on s'aperçoit qu'il y faut joindre quelque
notion supérieure ou métaphysique, savoir celle de la substance, action
et force... Je demeure d'accord que naturellement tout corps est étendu,
et qu'il n'y a point d'étendue sans corps. Il ne faut pas néanmoins con-

66. Que nous avons aussi des notions distinctes de nos sentiments, de nos affections et de nos appétits, bien que souvent nous nous trompions aux jugements que nous en faisons.

Il ne reste plus que les sentiments[1], les affections et les appétits, desquels nous pouvons avoir aussi une connaissance claire et distincte, pourvu que nous prenions garde à ne comprendre dans les jugements que nous en ferons que ce que nous connaîtrons précisément par la clarté de notre perception, et dont nous serons assurés par la raison. Mais il est malaisé d'user continuellement d'une telle précaution, au moins à l'égard de nos sentiments, à cause que nous avons cru dès le commencement de notre vie que toutes les choses que nous sentions avaient une existence hors de notre pensée, et qu'elles étaient entièrement semblables aux sentiments ou aux idées que nous avions à leur occasion. Ainsi lorsque nous avons vu, par exemple, une certaine couleur, nous avons cru voir une chose qui subsistait hors de nous, et qui était semblable à l'idée que nous avions. Or nous avons ainsi jugé en tant de rencontres, et il nous a semblé voir cela si clairement et si distinctement, à cause que nous étions accoutumés à juger de la sorte[2], qu'on ne doit pas trouver étrange que quelques-uns demeurent ensuite tellement persuadés de ce faux préjugé qu'ils ne puissent pas même se résoudre à en douter.

67. Que souvent même nous nous trompons en jugeant que nous sentons de la douleur en quelque partie de notre corps.

La même prévention a eu lieu en tous nos autres sentiments,

fondre les notions du lieu, de l'espace ou de l'étendue toute pure, avec la notion de la substance qui, outre l'étendue, renferme la résistance, c'est-à-dire l'action et la passion. » (*Erdm.* 113.)

1. Le mot sentiment est pris ici, comme il arrive souvent au dix-septième siècle, pour désigner toute impression faite sur l'âme : il a la même signification que le mot sensation dans notre langue actuelle.

2. Ce passage montre sans contestation possible, la différence profonde qui sépare ce que Descartes entend par la clarté et la distinction des idées, et ce que dans le langage courant, on désigne par le terme vague d'*évidence.*

même en ce qui est du chatouillement et de la douleur. Car
encore que nous n'ayons pas cru qu'il y eût hors de nous,
dans les objets extérieurs, des choses qui fussent semblables
au chatouillement ou à la douleur qu'ils nous faisaient
sentir, nous n'avons pourtant pas considéré ces sentiments
comme des idées qui étaient seulement en notre âme ; mais
aussi nous avons cru qu'ils étaient dans nos mains, dans
nos pieds et dans les autres parties de notre corps, sans
toutefois qu'il y ait aucune raison qui nous oblige à croire
que la douleur que nous sentons, par exemple au pied, soit
quelque chose hors de notre pensée qui soit dans notre
pied, ni que la lumière que nous pensons voir dans le soleil
soit dans le soleil ainsi qu'elle est en nous. Et si quelques-
uns se laissent encore persuader à une si fausse opinion,
ce n'est qu'à cause qu'ils font si grand cas des jugements
qu'ils ont faits lorsqu'ils étaient enfants, qu'ils ne sauraient
les oublier pour en faire d'autres plus solides, comme il
paraîtra encore plus manifestement par ce qui suit.

**68 Comment on doit distinguer en telles choses ce en quoi on peut
se tromper d'avec ce qu'on conçoit clairement.**

Mais afin que nous puissions distinguer ici ce qu'il y a de
clair en nos sentiments d'avec ce qui est obscur, nous re-
marquerons en premier lieu que nous connaissons clairement et distinctement la douleur, la couleur et les autres
sentiments, lorsque nous les considérons simplement comme
des pensées ; mais que quand nous voulons juger que la
couleur, ou que la douleur, etc., sont des choses qui subsistent hors de notre pensée, nous ne concevons en aucune
façon quelle chose c'est que cette couleur, ou cette douleur, etc. Il en est de même lorsque quelqu'un nous dit
qu'il voit de la couleur dans un corps, ou qu'il sent de la
douleur en quelqu'un de ses membres ; car c'est de même
que s'il nous disait qu'il voit ou qu'il sent quelque chose,
mais qu'il ignore entièrement quelle est la nature de cette
chose, ou bien qu'il n'a pas une connaissance distincte de
ce qu'il voit et de ce qu'il sent. Car encore que, lorsqu'il
n'examine pas ses pensées avec attention, il se persuade

peut-être qu'il en a quelque connaissance, à cause qu'il suppose que la couleur qu'il croit voir dans un objet a de la ressemblance avec le sentiment qu'il éprouve en soi[1], néanmoins, s'il fait réflexion sur ce qui lui est représenté par la couleur ou par la douleur, en tant qu'elles existent dans un corps coloré ou bien dans une partie blessée, il trouvera sans doute qu'il n'en a pas connaissance.

69. Qu'on connaît tout autrement les grandeurs, les figures, etc., que les couleurs, les douleurs, etc.

Principalement, s'il considère qu'il connaît bien d'une autre façon ce que c'est que la grandeur dans le corps qu'il aperçoit, ou la figure, ou le mouvement, au moins celui qui se fait d'un lieu en un autre (car les philosophes, en feignant d'autres mouvements que celui-ci[2], ont fait voir qu'ils ne connaissaient pas bien sa vraie nature), ou la situation des parties, ou la durée, ou le nombre, et les autres pro-

---

1. Qu'il n'y ait point de ressemblance entre les qualités secondes et les causes qui les provoquent, c'est ce que tous les philosophes, ou à peu près, s'accordent à reconnaître. Signalons toutefois l'opinion de Leibnitz, qui modifie sur ce point la théorie de Descartes. « Il ne faut point s'imaginer que les idées de la couleur ou de la douleur soient arbitraires et sans rapports ou connexion naturelle avec leurs causes : ce n'est pas l'usage de Dieu d'agir avec si peu d'ordre et de raison. Je dirais plutôt qu'il y a une manière de ressemblance, non pas entière et pour ainsi dire *in terminis*, mais expressive, ou une manière de rapport d'ordre, comme une ellipse, ou même une parabole ou hyperbole ressemblent en quelque façon au cercle dont elles sont la projection sur le plan, puisqu'il y a un certain rapport exact et naturel entre ce qui est projeté, et la projection qui s'en fait, chaque point de l'un répondant suivant une certaine relation, à chaque point de l'autre. C'est ce que les cartésiens n'ont pas assez remarqué. » (*Nouv. essais sur l'ent. hum.* II, 8, 13, p. 99. Edit. Janet).

2. Aristote distinguait trois sortes de mouvements : le mouvement quantitatif, c'est-à-dire l'augmentation et la diminution (αὔξησις καὶ φθίσις) ; le mouvement qualitatif, c'est-à-dire la transformation (ἀλλοίωσις), enfin le mouvement local ou de translation (φορά) (*Phys.*, III, 1. — V, 1, 2. — *Métaph.*, XI, 2). Parfois, il ajoute deux autres sortes de mouvements : la naissance et la mort (*Catég.*, 14). Mais il reconnaît aussi que tout mouvement suppose en dernière analyse le changement dans l'espace (*Phys.*, VIII, 7) ; il n'est donc pas aussi éloigné qu'il le semble de l'opinion de Descartes.

priétés que nous apercevons clairement en tous les corps, comme il a été déjà remarqué[1], que non pas ce que c'est que la couleur dans ce même corps, ou la douleur, l'odeur, le goût, la saveur et tout ce que j'ai dit devoir être attribué au sens. Car encore que voyant un corps nous ne soyons pas moins assurés de son existence par la couleur que nous apercevons à son occasion que par la figure qui le termine, toutefois il est certain que nous connaissons tout autrement en lui cette propriété qui est cause que nous disons qu'il est figuré que celle qui fait qu'il nous semble qu'il est coloré.

70. Que nous pouvons juger en deux façons des choses sensibles, par l'une desquelles nous tombons en l'erreur, et par l'autre nous l'évitons.

Il est donc évident, lorsque nous disons à quelqu'un que nous apercevons des couleurs dans les objets, qu'il en est de même que si nous lui disions que nous apercevons en ces objets je ne sais quoi dont nous ignorons la nature, mais qui cause pourtant en nous un certain sentiment fort clair et fort manifeste qu'on nomme le sentiment des couleurs. Mais il y a bien de la différence en nos jugements. Car, tant que nous nous contentons de croire qu'il y a je ne sais quoi dans les objets (c'est-à-dire dans les choses telles qu'elles soient) qui cause en nous ces pensées confuses qu'on nomme sentiments[2], tant s'en faut que nous nous méprenions, qu'au contraire nous évitons la surprise qui nous pourrait faire méprendre, à cause que nous ne nous emportons pas sitôt à juger témérairement d'une chose que nous remarquons ne pas bien connaître. Mais lorsque nous croyons apercevoir une certaine couleur dans un objet, bien que nous n'ayons aucune connaissance distincte de ce que nous appelons d'un tel nom[3],

1. Voy. ci-dessus, § 65.
2. Les sentiments, ou sensations, ne sont, selon Descartes, que « de certaines façons confuses de penser, qui proviennent et dépendent de l'union et comme du mélange de l'esprit avec le corps » (VI° *Médit.*, 12). Ils nous sont donnés par la nature ou par Dieu, non pour connaître la réalité, mais seulement pour « signifier à notre esprit quelles choses sont convenables ou nuisibles au composé dont il fait partie » (*Ibid.*, 14. Cf. *Princ.*, II, 2).
3. On sait comment la physique moderne, confirmant les vues de Des-

et que notre raison ne nous fasse apercevoir aucune ressemblance entre la couleur que nous supposons être en cet objet et celle qui est en notre pensée ; néanmoins parce que nous ne prenons pas garde à cela, et que nous remarquons en ces mêmes objets plusieurs propriétés, comme la grandeur, la figure, le nombre, etc., qui existent en eux de la même sorte que nos sens ou plutôt notre entendement nous les fait apercevoir[1], nous nous laissons persuader aisément que ce qu'on nomme couleur dans un objet est quelque chose qui existe en cet objet et qui ressemble entièrement à la couleur qui est en notre pensée ; et ensuite nous pensons apercevoir clairement en cette chose ce que nous n'apercevons en aucune façon appartenir à sa nature.

71. Que la première et principale cause de nos erreurs sont les préjugés de notre enfance.

C'est ainsi que nous avons reçu la plupart de nos erreurs. A savoir pendant les premières années de notre vie, que notre âme était si étroitement liée au corps, qu'elle ne s'appliquait à autre chose qu'à ce qui causait en lui quelques impressions, elle ne considérait pas encore si ces impressions étaient causées par des choses qui existassent hors de soi, mais seulement elle sentait de la douleur lorsque le corps en était offensé, ou du plaisir lorsqu'il en recevait de l'utilité, ou bien, si elles étaient si légères que le corps n'en reçût point de commodité, ni aussi d'incommodité qui fût importante à sa conservation, elle avait des sentiments tels que sont ceux qu'on nomme goût, odeur, son, chaleur, froid, lumière, couleur, et autres semblables, qui véritablement ne nous représentent rien qui existe hors de notre pensée, mais qui sont divers selon les diversités qui se rencontrent dans

cartes sur ce point, admet que la cause extérieure qui provoque en nous les sensations de couleur ne ressemble en rien à ces sensations, puisqu'elle est simplement un mouvement ondulatoire.

1. C'est la distinction connue sous le nom de distinction des qualités premières et secondes. La marque distinctive des qualités premières, très nettement indiquée ici par Descartes, est que nous les concevons clairement et distinctement, tandis que nous n'avons des qualités secondes que des idées confuses.

les mouvements qui passent de tous les endroits de notre corps jusques à l'endroit du cerveau auquel elle est étroitement jointe et unie. Elle apercevait aussi des grandeurs, des figures et des mouvements qu'elle ne prenait pas pour des sentiments, mais pour des choses ou des propriétés de certaines choses qui lui semblaient exister ou du moins pouvoir exister hors de soi, bien qu'elle n'y remarquât pas encore cette différence. Mais lorsque nous avons été quelque peu plus avancés en âge et que notre corps, se tournant fortuitement de part et d'autre par la disposition de ses organes, a rencontré des choses utiles ou en a évité de nuisibles, l'âme, qui lui était étroitement unie, faisant réflexion sur les choses qu'il rencontrait ou évitait, a remarqué premièrement qu'elles existaient au dehors, et ne leur a pas attribué seulement les grandeurs, les figures, les mouvements, et les autres propriétés qui appartiennent véritablement au corps, et qu'elle concevait fort bien ou comme des choses ou comme les dépendances de quelques choses, mais encore les couleurs, les odeurs, et toutes les autres idées de ce genre qu'elle apercevait aussi à leur occasion ; et comme elle était si fort offusquée du corps qu'elle ne considérait les autres choses qu'autant qu'elles servaient à son usage, elle jugeait qu'il y avait plus ou moins de réalité en chaque objet, selon que les impressions qu'il causait lui semblaient plus ou moins fortes. De là vient qu'elle a cru qu'il y avait beaucoup plus de substance ou de corps dans les pierres et dans les métaux que dans l'air et dans l'eau[1], parce qu'elle y sentait

---

1. Dès l'instant que l'essence de la matière est l'étendue, il est clair qu'il ne saurait y avoir plus de matière ou de substance dans une pierre ou un métal, que dans un volume égal d'air ou d'eau. La pesanteur et la dureté sont des qualités accessoires, qui ne constituent en rien la nature d'un corps : c'était l'erreur de la scolastique d'en faire des substances ou des choses réelles, des entités. Considérons, dit ailleurs Descartes (*Princ.*, II, 11), une pierre : la dureté n'appartient pas à la nature de ce corps, car si l'on réduit la pierre en poudre, elle n'aura plus de dureté et ne laissera pas pour cela d'être un corps. Nous pouvons de même en ôter la pesanteur, parce que nous voyons que le feu, quoiqu'il soit très léger, ne laisse pas d'être un corps. On a vu ci-dessus comment, selon Descartes, s'explique la pesanteur; c'est par le mouvement. Il explique la dureté d'une manière analogue (*Princ.*, II, 54). Leibnitz, en raison de l'idée différente qu'il se fait de l'essence des corps, n'est pas de l'avis

plus de dureté et de pesanteur; et qu'elle n'a considéré l'air non plus que rien lorsqu'il n'était agité d'aucun vent, et qu'il ne lui semblait ni chaud ni froid. Et parce que les étoiles ne lui faisaient guère plus sentir de lumière que des chandelles allumées, elle n'imaginait pas que chaque étoile fût plus grande que la flamme qui paraît au bout d'une chandelle qui brûle. Et parce qu'elle ne considérait pas encore si la terre pouvait tourner sur son essieu [1], et si sa superficie est courbée comme celle d'une boule, elle a jugé d'abord qu'elle était immobile, et que sa superficie était plate. Et nous avons été par ce moyen si fort prévenus de mille autres préjugés, que, lors même que nous étions capables de bien user de notre raison, nous les avons reçus en notre créance; et au lieu de penser que nous avions fait ces jugements en un temps que nous n'étions pas capables de bien juger, et par conséquent qu'ils pouvaient être plutôt faux que vrais, nous les avons reçus pour aussi certains que si nous en avions eu une connaissance distincte par l'entremise de nos sens, et n'en avons non plus douté que s'ils eussent été des notions communes.

72. Que la seconde est que nous ne pouvons oublier ces préjugés.

Enfin, lorsque nous avons atteint l'usage entier de notre raison, et que notre âme, n'étant plus si sujette au corps, tâche à bien juger des choses, et à connaître leur nature,

de Descartes sur la dureté. « La notion de la dureté, dit-il, ne dépend pas des sens, et on en peut concevoir la possibilité par la raison. » (*Nouv. Essais*, II, 4, 4.)

1. Descartes admet ici (et il s'explique plus amplement sur ce point au IIIᵉ livre des *Principes*) le mouvement de la terre. Il n'avait pas toujours été aussi hardi : et ayant appris la condamnation de Galilée par le Saint-Office, il avait retiré des mains des imprimeurs son traité du *Monde*, où cette opinion se trouvait exprimée. Cette théorie lui était, d'ailleurs, comme imposée par les principes généraux de sa Physique. « J'avoue, dit-il dans une lettre, que si ce sentiment du mouvement de la terre est faux, tous les fondements de ma philosophie le sont aussi, parce qu'il se démontre par eux évidemment. Il est tellement lié avec toutes les parties de mon traité, que je ne l'en saurais détacher sans rendre tout le reste tout défectueux. » Il avait, d'ailleurs, imaginé plusieurs biais pour ne pas heurter de front la Bible et les théologiens (Voir Bouillier, *Hist. de la Philos. cartés.*, 0).

bien que nous remarquions que les jugements que nous avons faits lorsque nous étions encore enfants sont pleins d'erreur, nous avons toutefois assez de peine à nous en délivrer entièrement, et néanmoins il est certain que si nous ne nous en délivrons et ne les considérons comme faux ou incertains, nous serons toujours en danger de retomber en quelque fausse prévention. Cela est tellement vrai qu'à cause que dès notre enfance nous avons imaginé, par exemple, les étoiles fort petites, nous ne saurions nous défaire encore de cette imagination, bien que nous connaissions par les raisons de l'astronomie qu'elles sont fort grandes : tant a de pouvoir sur nous une opinion déjà reçue !

73. La troisième, que notre esprit se fatigue quand il se rend attentif à toutes les choses dont nous jugeons.

De plus, comme notre âme ne saurait s'arrêter à considérer longtemps une même chose avec attention, sans se peiner et même sans se fatiguer, et qu'elle ne s'applique à rien avec tant de peine qu'aux choses purement intelligibles [1], qui ne sont présentes ni aux sens ni à l'imagination, soit que naturellement elle ait été faite ainsi à cause qu'elle est unie au corps, ou que pendant les premières années de notre vie nous nous soyons si fort accoutumés à sentir et à imaginer, que nous ayons acquis une facilité plus grande à penser de cette sorte, de là vient que beaucoup de personnes ne sauraient croire qu'il y ait des substances si elles ne sont imaginables et corporelles, et même sensibles ; car on ne prend pas garde ordinairement qu'il n'y a que les choses qui consistent en étendue, en mouvement et en figure, qui soient imaginables, et qu'il y en a quantité d'autres que celles-là qui sont intelligibles [2] : de là vient aussi que la plupart du

---

1. Non seulement, selon Descartes, l'âme ne s'applique qu'avec peine aux choses intelligibles, mais il est dangereux de l'y appliquer trop longtemps. « Je crois qu'il serait très nuisible d'occuper souvent son entendement à méditer les principes métaphysiques, à cause qu'il ne pourrait si bien vaquer aux fonctions de l'imagination et des sens ; mais que le meilleur est de se contenter de retenir en sa mémoire et en sa créance les conclusions qu'on en a une fois tirées, puis employer le reste du temps qu'on a pour l'étude, aux pensées où l'entendement agit avec l'imagination et les sens. » (Lettre XIX, édit. Garnier.)

monde se persuade qu'il n'y a rien qui puisse subsister sans corps, et même qu'il n'y a point de corps qui ne soit sensible [1]. Et d'autant que ce ne sont point nos sens qui nous font découvrir la nature de quoi que ce soit [2], mais seulement notre raison lorsqu'elle y intervient [3], on ne doit pas trouver étrange que la plupart des hommes n'aperçoivent les choses que fort confusément, vu qu'il n'y en a que très peu qui s'étudient à la bien conduire.

74. La quatrième, que nous attachons nos pensées à des paroles qui ne les expriment pas exactement.

Au reste, parce que nous attachons nos conceptions à certaines paroles afin de les exprimer de bouche, et que nous nous souvenons plutôt des paroles que des choses, à peine

1. La distinction de l'imagination et de l'entendement est un des points essentiels de la philosophie cartésienne. « Les facultés d'entendre et d'imaginer ne diffèrent pas seulement selon le plus et le moins, mais comme deux manières d'agir totalement différentes. Car, dans l'intellection, l'esprit ne se sert que de soi-même, au lieu que dans l'imagination, il contemple quelque forme corporelle. » (*Rép. aux I^{es} Object.*, 58). (Cf. *Disc. de la Méth.*, IV, p. 52.)

2. Le corps même, d'après Descartes, n'est pas connu à l'aide des sens, mais comme on l'a vu ci-dessus, par l'idée claire et distincte que nous avons de l'étendue, laquelle est une idée innée.

3. Les sens, à proprement parler, ne nous font rien connaître : ils nous avertissent seulement de ce qui nous est utile ou nuisible. Il en résulte que l'esprit tire de lui-même toutes les idées qu'il a des choses, et que rien ne lui est apporté du dehors, hormis l'occasion à propos de laquelle il découvre en lui des idées : en d'autres termes, toutes les idées lui sont naturelles ou innées. « Il n'y a rien dans nos idées qui ne soit naturel à l'esprit ou à la faculté qu'il a de penser; si seulement on excepte certaines circonstances qui n'appartiennent qu'à l'expérience ... Rien ne peut venir des objets extérieurs jusqu'à notre âme par l'entremise des sens, que quelques mouvements corporels; mais ni ces mouvements mêmes, ni les figures qui en proviennent, ne sont point connus par nous tels qu'ils sont dans les organes des sens, comme j'ai amplement expliqué dans la *Dioptrique :* d'où il suit que même les idées des mouvements et des figures sont naturellement en nous; et, à plus forte raison, les idées de la douleur, des couleurs, des sons et de toutes les choses semblables nous doivent-elles être naturelles, afin que notre esprit, à l'occasion de certains mouvements corporels, avec lesquels elles n'ont aucune ressemblance, se les puisse représenter. » (Lettre XXXVIII, édit. Garnier.)

saurions-nous concevoir aucune chose si distinctement que
nous séparions entièrement ce que nous concevons d'avec les
paroles qui avaient été choisies pour l'exprimer. Ainsi la
plupart des hommes donnent leur attention aux paroles
plutôt qu'aux choses [1]; ce qui est cause qu'ils donnent bien
souvent leur consentement à des termes qu'ils n'entendent
point, et qu'ils ne se soucient pas beaucoup d'entendre, soit
parce qu'ils croient les avoir autrefois entendus, soit parce
qu'il leur a semblé que ceux qui les leur ont enseignés en
connaissaient la signification, et qu'ils l'ont apprise par même
moyen. Et, bien que ce ne soit pas ici le lieu de traiter de
cette matière, à cause que je n'ai pas enseigné quelle est la
nature du corps humain et que je n'ai pas même encore
prouvé qu'il y ait au monde aucun corps, il me semble
néanmoins que ce que j'en ai dit nous pourra servir à dis-
cerner celles de nos conceptions qui sont claires et distinctes
d'avec celles où il y a de la confusion et qui nous sont
inconnues.

75. Abrégé de tout ce qu'on doit observer pour bien philosopher.

C'est pourquoi si nous désirons vaquer sérieusement à
l'étude de la philosophie et à la recherche de toutes les
vérités que nous sommes capables de connaître, nous nous
délivrerons en premier lieu de nos préjugés, et ferons état [2]
de rejeter toutes les opinions que nous avons autrefois reçues
en notre créance, jusques à ce que nous les ayons derechef

1. Leibnitz signale aussi cette substitution du mot à la pensée, et la
regarde comme nécessaire en bien des cas. « Quand je pense à un chi-
liogone, je ne considère pas toujours les divers attributs du côté, de
l'égalité et du nombre mille; mais j'emploie les mots (dont le sens est
imparfaitement et obscurément présent à mon esprit) au lieu de notions
que j'en ai, parce que je me rappelle que je possède la signification de
ces mots, bien que je ne juge pas nécessaire d'en faire à présent l'application et l'explication; j'ai l'habitude d'appeler ce mode de penser
aveugle ou *symbolique*. Nous l'employons en algèbre, en arithmétique,
et en réalité partout. » (*De cognit. verit. et id.* Erdm., 80.)
2. Faire état signifie ici se proposer, avoir l'intention de. C'est en ce
sens que Molière écrit : « Faites état de m'arracher le jour... » (*École
des maris*, III, 8.)

examinées; nous ferons ensuite une revue sur les notions
qui sont en nous, et ne recevrons pour vraies que celles qui
se présenteront clairement et distinctement à notre entendement. Par ce moyen, nous connaîtrons premièrement que
nous sommes, en tant que notre nature est de penser, et qu'il
y a un Dieu duquel nous dépendons; et après avoir considéré
ses attributs nous pourrons rechercher la vérité de toutes
les autres choses, parce qu'il en est la cause. Outre les notions que nous avons de Dieu et de notre pensée, nous trouverons aussi en nous la connaissance de beaucoup de propositions qui sont perpétuellement vraies, comme, par exemple,
que le néant ne peut être l'auteur de quoi que ce soit, etc.
Nous y trouverons aussi l'idée d'une nature corporelle ou
étendue, qui peut être mue, divisée, etc., et des sentiments
qui causent en nous certaines dispositions, comme la douleur, les couleurs, etc.; et, comparant ce que nous venons
d'apprendre en examinant ces choses par ordre, avec ce que
nous en pensions avant que de les avoir ainsi examinées,
nous nous accoutumerons à former des conceptions claires
et distinctes sur tout ce que nous sommes capables de connaître. C'est en ce peu de préceptes que je pense avoir compris tous les principes les plus généraux et les plus impor-
tants de la connaissance humaine.

76. Que nous devons préférer l'autorité divine à nos raisonnements, e
ne rien croire de ce qui n'est pas révélé que nous ne le connaissions
fort clairement.

Surtout, nous tiendrons pour règle infaillible que ce que
Dieu a révélé[1] est incomparablement plus certain que tout le
reste, afin que, si quelque étincelle de raison semblait nous
suggérer quelque chose au contraire, nous soyons toujours
prêts à soumettre notre jugement à ce qui vient de sa part;
mais, pour ce qui est des vérités dont la théologie ne se mêle

---

1. On reconnaît l'extrême réserve de Descartes à l'égard « des vérités
de la foi, qui ont toujours été les premières en sa créance ». (*Disc. de la
Méth.*, III, p. 45). Cette réserve va si loin que Bossuet lui-même la lui
a reprochée. « M. Descartes, dit-il dans une de ses lettres, a toujours
craint d'être noté par l'Église, et on lui voit prendre sur cela des pré-
cautions qui allaient jusqu'à l'excès. »

point, il n'y aurait pas d'apparence qu'un homme qui veut être philosophe reçût pour vrai ce qu'il n'a point connu être tel, et qu'il aimât mieux se fier à ses sens, c'est-à-dire aux jugements inconsidérés de son enfance, qu'à sa raison, lorsqu'il est en état de la bien conduire.

FIN

TABLE DES MATIÈRES

———

Notice biographique.   1
Analyse du premier livre des principes de la philosophie.   5
Lettre à la princesse Élisabeth. 23
Lettre de l'auteur à celui qui a traduit le livre 30
Premier livre des principes de la philosophie. 50

15025. — Imprimerie A. Lahure, rue de Fleurus, 9, à Paris.